江湖在走，法律要懂

法律白話文運動 著

法律白話文
小學堂

目錄

－國際－地球村時代必備，講出來就讓人崇拜的國際視野！

〔序〕法律白話文小學堂，開堂！

我們是誰

法律白話文運動自二〇一四年成立至今，已經邁入第四個年頭了。引發三一八學運的海峽兩岸服務貿易協議是我們創站的契機，我找了以國際法為專長的研究生朋友，嘗試在臉書上撰寫「服貿科普文」，希望能讓國際法這個冷門科目藉機走入大眾。

網站成立時的心情其實非常一般，一般到其實跟註冊「無名小站」、「奇摩家族」的感覺是差不多的（暴露年齡！），唯一的差別在於臉書時代來臨了，雖然我們沒有相貌足以登上首頁的帥哥美女（再次暴露年齡），但是仍然能夠在粉絲團上用不同的方法吸引大家目光，而順著學運推高的浪潮，讓我們很快地嚐到「說話有人聽」的滋味，而這樣誤打誤撞地走著，在不知不覺間走到一開始完全沒想到的地方去了。

學運退潮後，我們找到了繼續維繫網站生存的意義：原來民眾對法律的「誤解」其實多半是對法律的「不理解」，我們發現在法治社會裡應該廣為普及的法律知識，卻在人們之間存在一道鴻溝，因此我們決定改名為現在的「法律白話文運動」：希望在學運過後，透過白話的文章、平實的文字、順暢的文句，帶大家了解與生活息息相關的法律，繼續在人民與法律之間搭起一座橋樑，縮短法律人與大眾的距離。

很幸運地陸續有許多有志之士加入我們，專長含括民事法、刑事法以及行政法、憲法等領域，我們的成員都是出身法律背景，有執業律師、學術工作者，也有在學學生。讓法律白話文運動成為擁有兩個固定網路專欄、舉辦了十場法律講座、寫了四百五十篇文章、擁有近六萬名粉絲的網站，甚至能夠在三小時內達成為婚姻平權募資三百萬元的目標。

現在，我們終於要出版我們第一本書，讓法律白話文走出螢幕，承載著我們的理念到更多人的眼前。

讓法律說人話

身為法律人，我們從與非法律人交談的過程中，發現一般大眾難以理解法律邏輯；然而法律明明與社會生活經驗相關，為何會與大眾距離這麼遙遠呢？從這個問號出發，我們想要讓法律被社會大眾理解，透過化繁為簡的書寫，讓大眾理解法律、帶領大眾思考社會制度進而提出自己的想法，也讓這些想法成為法律成長的養分。

法律白話文運動想要透過法律普及寫作，傳播法治觀念與法律文化，我們要強調的不是「人人應守法」、「依法行政，謝謝指教」，而是希望能夠提醒大家，

「懂法律」不僅能使我們的權利不被恣意剝奪，在遵守法律的同時，我們更希望大家一起思考：法律是否能夠做得更好。

在《江湖在走，法律要懂》這本書中，我們用輕鬆有趣的冷知識形式呈現本來嚴肅艱澀的法律議題，從日常生活息息相關的民法問題，例如租屋、購物；到大家十分關心的公法或國際法問題，例如人權以及海洋法，我們用平實的語句寫出艱澀的法律，希望讓大家都能明白法律制度如何運作、破除錯誤的法律迷思；最重要的是，希望大家知道法律其實並不可怕，而是很容易親近的。

只有當大家不再覺得法律遙遠，人們才能開始思考法律在生活中扮演的角色，進一步用身體力行實踐公民社會。

給可愛的夥伴們

本書能順利付梓，需要謝謝一同完成這本書的所有作者：李濬勳、蔡孟翰、江鎬佑、黃俐菁、龍建宇、王鼎棫、李柏翰、劉時宇、劉珞亦、廖伯威、潘宏朋、徐書磊、吳玟嶸、全宥縢、丁憶楨、陳彥熹，並特別感謝編輯廖恒藝為我們辛苦收稿及編寫法律白話文小學堂、每日一冷主編何昱泓友情跨刀，以及聯合文學總編李進文、編輯張召儀，沒有二位伯樂本書也無法順利出版。

最後，也要感謝所有支持法律白話文運動的粉絲以及家人朋友們，謝謝你們與法律白話文運動甘苦與共，一路上的建言我們都銘記在心。我們曾被以為是藍營網軍遭檢舉下架，也常被酸是法「綠」白話文，無論如何，我們的初衷從來沒有變過——傳達法律的精神。未來，我們仍將繼續燃燒自己的熱忱與小宇宙，希望透過書寫及演說，帶起社會反思制度的能力。我們希望能帶給社會大眾滿滿的法治意識，讓台灣——我們的故鄉——能有更紮實的民主基礎，讓公民意識以及自由思想能真正落實在每個人心中，揭開蒙蔽，不再受到任何威權的束縛。

法律白話文運動站長　楊貴智

part 1

生活

吃住在鬼島，
生活好煩惱？

調解有用嗎？法官直接審判不是更快？

黃俐菁

李姓女明星搭計程車與司機爆發口角，最後演變成街頭互毆，雙方被依傷害、公然侮辱等罪起訴，全案歷經警局、區公所、法院三度調解均破局。台北地院首度開庭審理時，法官確認李女仍有和解意願，但因司機請假，故諭知下次僅傳訊司機，若他還有和解意願，將安排第四次調解，否則就會針對起訴事實進行審理。

調解是什麼？

江湖上常見的「喬」事情，是讓兩方坐下來談，談出一個你情我願、各取所需的解決方式，使得大事化小，小事化無。在法律上，其實也有一個跟它相近的解決紛爭方式，那就是「調解」啦。

調解是一種訴訟外紛爭解決的機制，**是指在訴訟進行前，或是先暫停訴訟程序，另外開啟調解程序的情況下，透過中立第三人協助（例如法院、調解委員會的委員），使發生紛爭的雙方當事人以互相可以接受的方案解決其間的紛爭。**

用調解來處理有什麼優點嗎？

透過調解解決紛爭遠比打官司還要經濟實惠，因為只要當事人在調解時喬得攏，當下他們的紛爭就可以解決了，但是打官司就不一樣了，訴訟程序的進行通常必須耗費相對長的時間，且在此期間內，無論自願與否，勢必投入相當大的心力、財力。兩相比較下，**調解可以節省相當多的時間、費用、力氣，經濟又實惠。**

最重要的是，調解制度是讓雙方當事人得以自主、自決地解決他們的紛爭，比起法院作成之裁判，更能滿足當事人真正需求。

什麼事件或案件可以調解，或是什麼事件或案件必須調解？

調解程序開始的情況可以分成兩種：一**是當事人主動聲請下開始的**；另一是**法院依職權為當事人安排的**。而可以進行調解的紛爭，包括**一般民事事件**及**刑事告訴乃論案件**。

以民事事件來說，原則上一般民事案件都可以聲請調解，除非法律規定不可以或是事件的性質不適合，例如假扣押及假處分事件等等。此外，**有些情況則是法律規定一定必須先進行調解的**，這種事件我們稱為「**強制調解事件**」，**例如道路交通事故或醫療糾紛等**，只要是強制調解事件，縱使當事人自始即向法院起訴請求裁判而未聲請調解，法院也必須先將該事件移付調解，使雙方當事人試行調解，僅於調解不成立時，才得以回到訴訟程序開始進行審判。

刑事案件的話，是以告訴乃論之罪為限，例如公然侮辱、過失傷害等以侵害個人法益為主的犯罪；反之，以侵害社會法益或是國家法益為主的非告訴乃論之罪，則不得進行調解。如果當事人的紛爭同時涉及告訴乃論的刑事案件以及一般民事事件，此時，當事人可以一併就民事事件與刑事案件聲請調解。

例如，實務上非常常見的情況——車禍，車禍紛爭通常會同時涉及刑事的過失傷害罪及民事的侵權行為損害賠償，這兩者是可以一併調解的，所以當事人就車禍案件提起刑事告訴時，法院一般會使當事人先進行調解，而調解內容常會談到要怎麼進行賠償。

此外，聲請調解比較特別的限制是，如果民事事件或是刑事案件曾經法院審判且已經言詞辯論終結者，也就是**已經有法院第一審判決的話，當事人就不能再選擇聲請調解**。

調解成立與不成立

倘若雙方當事人於調解程序順利擬出雙方都滿意的調解方案的話，代表調解成立，此時當事人會拿到一份載明調解方案的調解筆錄；反之，倘若雙方當事人對於調解條件一直沒有共識，或是壓根不想和對方成立調解，造成調解不成立的結果，那麼接下來就只能回歸訴訟程序，使法院進行裁判，以弭平他們的紛爭。

對於調解程序比較會有疑慮的地方是，在調解中的陳述或讓步，倘若日後調解不成立，是否會對接下來的訴訟造成影響？對此，請儘管放心，因為**調解的過程原則上是不公開的**，雙方當事人可以暢所欲言，盡情表達意見，且當事人在調解程序所為的任何陳述，並不會成為將來訴訟判決的基礎。

調解成立了，有什麼用呢？

這就是調解和江湖喬事情最不一樣的地方了，倘若調解成立，法律會賦予一定的效力，拘束當事人，這樣講好的事情，就不能賴皮了。

針對民事事件部分，**民事調解與民事確定判決有同一之效力**，調解結果將受如同判決結果的相同對待；而確定判決所產生之效力有很多，其中比較重要的有二：一是調解有判決既判力之效力，於此效力下，當事人就該事件不能也無法再另外重複爭執，法院對於調解結果則不能有其他不同意見，簡單來說，不論是當事人或是法院都要尊重調解的結果，不能有其他意見；二是調解有判決執行力之效力，對方能拿著調解筆錄（執行名義）向法院聲請強制執行，確保取得調解時所談的條件，避免對方耍賴。

刑事案件部分與民事調解差不多，刑事調解成立後，當事人就該事件不得再行起訴、告訴或自訴；又如果刑事調解，有以給付一定金錢為條件的話，該刑事調解當然也有執行力，當事人可以拿著調解筆錄向法院聲請強制執行。比較特別的是，**如果是於偵查中或是在第一審法院辯論終結前，成立調解，並且在調解書上記載當事人同意撤回該案件的告訴或起訴，則調解成立的當下就當作當事人撤回告訴或自訴**。

法律白話文

小學堂

調解是指在訴訟進行前，或是先暫停訴訟程序，另外開啟調解程序的情況下，透過中立第三人協助（例如法院、調解委員會的委員），使發生紛爭的雙方當事人以互相可以接受的方案解決他們的紛爭。

調解的好處是可以節省相當多的時間、費用、力氣，而且能讓當事人自主解決紛爭，比起法院作成之裁判，更能滿足當事人的真正需求。另外，民事調解與民事確定判決有同一效力，當事人對於做成調解結果的案件不能再重複爭執；且調解有判決執行的效力，當事人可以拿著調解筆錄向法院聲請強制執行。如果當事人的紛爭同時涉及刑事與民事部分，刑事與民事調解是可以同時進行的喔！

惡鄰退散！遇到魔音鄰居的錦囊妙計

黃俐菁

有位醫師不滿鄰居常在凌晨三點到七點間，在自家空地整理冷凍魚貨時，因講話、走動、牽騎機車、開貨車、開關門、及搬運冷凍食品等等，產生瞬間噪音或震動，加上聲音迴盪在兩棟建築物間，猶如風箱般放大效果，導致他睡眠障礙、焦慮就醫。

這名醫師曾報請嘉義市環保局處理，不過環保局認為：呂姓父子理貨的音源**為不具持續性或不易測量的聲音，非屬噪音管制法管制範圍**，無法以噪音計檢測分貝數。處理未果，醫師憤而向法院提告，要求鄰居賠償精神慰撫金十萬元，並要求鄰居一家人每天晚上十點至翌日上午七點，不得在空地發出干擾睡眠的聲音。

隔壁傳來的聲音怎樣算是噪音？

現代因人口密度高，鄰人間的生活空間較過去更為緊密，也因此增加了更多互相干擾的情況，其中最讓人煩躁且最難以捉摸的就屬噪音了。你看不到它、摸不到它，是一種無法具象化的干擾，但是只要它出現就有辦法煩得你不要不要的。而鄰居會發出的聲音有很多種，舉凡他家小狗小貓亂叫、家庭卡拉OK、家裡的裝潢聲或是夜半麻將聲等等，這些從鄰居住處發出的各式各樣聲音，有些人並不覺得妨礙，有些人卻覺得是噪音。

事實上，**是否為噪音，與接收聲音的人主觀感受有相當大的關係**，因此究竟什麼是噪音，法律或政府給的定義也不盡相同。「噪音管制網」認為噪音是生活環境中，足以直接或間接妨害國民健康與生活安寧的聲音；《噪音管制法》將超過管制標準的聲音定義為噪音；另外，在職業安全衛生設施規則所規範工作場所的噪音，則是依不同分貝及持續時間去認定，例如九十分貝且持續八小時的聲音算是噪音。

遇到噪音要怎麼處理？

向政府求助

對於鄰居發出的噪音，依照《噪音管制法》，其實我們可以分成兩大類：一**種情況是可以直接依循《噪音管制法》處理的噪音；另一種情況是由警察機關依其他相關法規處理的情況**。之所以會這樣分類，是因為人為活動與機器運作不同，機器之運轉通常有其穩定性及持續性，絕大多數可以用噪音計進行量測判定；但人為或是動物發出的聲響，發生時間不固定，不易量測亦不具持續性，多半情況是無法以噪音計進行測量的，因此無法對它訂定標準進行管制。而**這類因居家生活或其他非營業行為所產生的噪音，通稱為「近鄰噪音」**。

所以，如果鄰居製造的噪音是由《噪音管制法》所直接規範的話，例如在噪音管制區內燃放爆竹、神壇、廟會、婚喪等民俗活動、餐飲、洗染、印刷或其他使用動力機械操作之商業行為，或是其他經主管機關公告之行為，導致妨害他人生活環境安寧（《噪音管制法》第八條）；或是管制區內特定場所，如工廠、娛樂場所、營建工程或是其他經主管機關公告的場所、工廠、設施等等，該場域發出的聲音不能超出中央主管機關制定的音量或標準（《噪音管制法》第九條）——由環保局進行處理。

但是，**如果是前述非機器運轉或操作，而屬於人類或是動物所發出「不易測量且不具持續性」的近鄰噪音，即便是直接向環保局陳情，也容易變成到量測現場時未發現音源或是未超過管制標準的結果，無法真正解決問題**。因此，《噪音管制法》第六條將這種情況明定交由警察機關處理，而警察機關會依照《社會秩序維護法》第七十二條第三款規定：對於製造噪音或深夜喧譁，妨害公眾安寧者，可處以新臺幣六千元以下罰鍰。

此外，如果噪音來源是車輛，且是因車輛拆除排氣管消音器，警察人員對汽車駕駛人另外得依《道路交通管理處罰條例》第四十三條第一項第五款規定，處新臺幣六千元以上、二萬四千元以下罰鍰，並當場禁止其駕駛。不過如果是車輛排氣管因增、減、變更原有規格致產生噪音，則須由監理或環保人員以相關儀器設備及專業技術檢測其音量數值，再依據相關法令予以取締。

講了這麼多，除了請求協助外，我們有沒有什麼可以先主張的權利呢？

提起訴訟以自助

首先，請求讓噪音不能進入！**依照《民法》第七九三條規定，土地所有人可以禁止別人在自己的土地上、建築物或其他工作物上「喧囂」**，換句話說，就是土地所有人可以禁止這類的噪音發生。可是如果這個「噪音侵入」是輕微，或按土地形狀、地方習慣認為可以被接受的話，那麼土地所有人就不能禁止這個噪音了。因此，本文中的醫生可以向法院請求禁止鄰居的噪音侵入，但是須注意的是，如果法院認為當事人指控的噪音是一般社會大眾能夠接受的，就沒有辦法依照民法主張了。

另外，還可以向噪音製造者請求損害賠償。依照現行法院的看法，**居住安寧**

是「人格權益」的一種，因此居住安寧是受到法律保護的。也就是說，當事人可以因居住安寧受到不法侵害，向對方主張請求侵權行為損害賠償。

法律白話文 小學堂

是否為噪音，與接收聲音的人主觀感受有相當大的關係，因此噪音的定義依據不同法律或是政府機關的定義而不同。

關於鄰居發出的噪音，依據《噪音管制法》，可以分成直接依循《噪音管制法》處理的噪音，以及須由警察機關依其他相關法規處理的情況。如此區分是因為前者針對機器運作通常具有穩定性以及持續性，較易測量或用噪音計進行判定，但是人為或是動物發出的聲音，發生時間不固定，因此無法對其訂定標準進行管制。後者這類因居家生活或是其他非營業行為所產生的噪音，通稱為「近鄰噪音」。針對不同的噪音類型，警察機關可以依據不同的法律，例如《社會秩序維護法》或是《道路交通管理處罰條例》，對於製造噪音或是深夜喧譁等，以及拆除排氣管消音器造成噪音的情形處以罰鍰。

另外，若因為噪音而認為居住安寧受到侵害，也可以向當事人主張損害賠償，或針對在自己擁有的土地上製造噪音之人請求禁止喧囂。

與「惡房東」的教戰守則

劉時宇

在現今社會中，租屋是相當常見的事，但是有些房東會在簽約時假裝大方、不在意，讓房客覺得方便，回過頭來，卻又藉故找麻煩沒收押金、要求賠償或違約金，甚至還因此告上法院，讓房客不勝其擾。

房價高漲的時代，我們都可能成為房客，因此更有必要學習保護自己，雖然不是人人都是惡房東，但預防勝於治療！以下我們就來談談如何在租屋時保護自己。

租屋前，該如何檢視房屋或契約？

建議**將契約帶回家仔細地閱讀內容，看屋時也盡可能選擇白天，或是白天、**

黑夜各看一次房子，才可以仔細觀察屋況及周遭環境。看屋時應注意天花板、牆壁是否會漏水或是有無水痕出現，觀察牆縫上的油漆、粉刷、地磚是否變色或異樣；另外，也要注意馬桶是否通暢（例如沖水時順不順等）、排水管是否流暢等；若有床墊，也可以翻開檢查是否有污漬或是其他破損。

看屋時一定要仔細確認房東所提供的家具，如電視機、衣櫥、床等，除了檢查家具是否有破損或髒污外，也要確定功能是否正常，如果可以則要拍照存證，日後可作為證據使用。另外，房東在網路上張貼的屋況照片也算契約內容，房客也可以截圖或儲存當作證據，若與實際狀況落差太大，可以主張解除契約。

俗話說得好，「千金難買好厝邊」，想要住得舒服，同住的室友當然也是考量的重點。如果想要了解附近環境日夜的狀況，可以選擇在不同的時段看房子，尤其是初到租屋地的外地房客，對於當地環境不熟悉時，更需要多次看屋。**觀察租屋周邊環境有以下建議參考的指標：交通便利性、是否鄰近馬路或是有其他噪音干擾安寧、觀察巷道是否保持清潔，或是公寓的樓梯間保持暢通、照明佳、公**

用設施維護狀況佳等。

簽約及點交時應該要注意什麼？

簽約時，最重要的就是要確定租賃的範圍，除了房屋的大小、坪數等，也要仔細問清楚是否附有其他的家具或電器。建議參考行政院提供的「**房屋租賃契約書範本**」中所附的「**房屋租賃標的現況確認書**」，逐項打勾確認後，**請房東與房客都簽名**，一式兩份房東與房客各持一份，保護自己也保護別人。

在點交房屋時，最好也要拍照或錄影房屋現況存證。另外，與房東洽談時，**對於租金之外的額外費用最好事先詢問**，如：管理費、水電費、網路費等，避免事後發現須承擔額外費用，造成不必要的紛爭。房客也應該要主動詢問房東是否有特殊的限制，例如能否養寵物等，以了解自己有哪些權利及是否可以配合，也同時作為篩選房東的依據。

房客必須仔細看清楚契約書內容，並針對有問題的部分提出異議，進一步與房東討論、調整，以保障雙方權益。如果可以的話，盡量使用官方的「房屋租賃契約書範本」，而在最新通過的「房屋租賃定型化契約應記載及不得記載事項」中，規定**房東押金不得收超過兩個月**、**簽約時也須明確訂出水電費每度收多少**，防止房東不當超收等細節，值得參考。

簽約前，可要求房東出示房屋權狀及身分證以確定是屋主本人，房東若不肯提供相關證明文件，可將承租地址抄錄下來，至地政事務所查詢該屋址之屋主資料，以確認簽約人是否為屋主，**盡可能不要承租房東是二次出租的房屋**，避免日後徒增紛擾。

為了避免房東或房客單方面抽換或更改契約，**租賃契約如果有兩頁以上應該要蓋騎縫章**；**契約也要一式兩份**，**由房東及房客各持有一份**，若有任何新增或修改內容，另一方即可以手上的那份契約書作為證明，主張解除契約或無效條款。

若有需要其他家人簽名時，要先確定簽名欄是「緊急聯絡人」還是「連帶保證人」，注意是否為假簽緊急聯絡人真簽連帶保證人。如果是房東要求簽連帶保證人，就要讓連帶保證人本人知情，堅持讓本人簽名或蓋章，即使是家人或親戚，也千萬不要代簽，否則除了會使人無故背負連帶責任，還有可能會使自己背上刑法的偽造文書等罪。

租屋期間該注意什麼事呢？

租屋期間一定要注意房東是否有自行進入房間，除了財物外，更要注意是否有偷拍錄影，這關係到房客本身的隱私及財物保護問題，在租屋期間不可不慎。

在合約存續中，若有修繕之必要，應由房東負擔者，房客得定相當期限，催告房東修繕；如果房東在期限之內都沒有修繕的話，房客可以終止契約、自行修繕後請求房東償還其費用或從租金中扣除。因此，自行修繕後應該要將修繕前後之情況拍照，並保存支出收據，作為日後求償或是抗辯的證據。

如果簽訂的是「**定期租約**」，房客遇到特殊事由發生時，即使租約還沒到期，若想提前終止租約，依照雙方的租約約定是可以的，房東不可以拒絕。

此外，房客如果想要提前終止租約，**一般應提前一個月通知房東**，而依照最新版的「房屋租賃契約書範本」，**如果房客已提前一個月通知房東，是不需要繳納違約金的**。然而有時候房客因為實在多住一天都受不了，要求隔天就要搬家，這時候因為房客沒有提前一個月通知房東，房東依約可以請求房客給付**最多不超過一個月租金之違約金**。

另外，如果雙方租約**沒有**約定「房客得提前終止」時，房客還是有依法有權提前終止租約之事由，常見的有下列幾種情形：承租的房屋有瑕疵，危及房客（含同住家人）的安全、健康；依法律及租賃契約，房東有修繕的義務，經房客催告而仍不修繕時；承租的房屋有一部分減失，存餘部分不能達租賃使用目的；因第三人主張權利，致不能使用、收益；房客死亡，其繼承人得通知房東終止租約。應特別注意的是，房客如依以上五個理由終止租約時，是依法律規定行使其權利，房東不得要求抵扣（沒收）押金或賠償。

租期結束後還會有什麼麻煩事嗎？

為了避免房東於退租時搞失蹤，藉此逃避退還押金的責任，簽約時一定要確認房東身分及聯絡方式；如果真的找不到房東，房客可能要備妥相關資料報警處理。退租時，一定要要求房東作點交，點交時建議可以搭配簽約時所附「**房屋租賃標的現況確認書**」，一一確認是否有與簽約時的狀況符合，確認後最好也請雙方簽名，做最後的保障。

要注意的是，即使已退租，前面的確認表單也要好好保存，如果以後發生爭議，可以提出作為證據。若房東拒絕點交，房客可以寄存證信函給房東要求其限期點交，如果逾期即視同完成點交，並同時要求返還押金，隨信同時附上前面所提的表單以及房屋或家具之照片。

法律白話文
小學堂

其實租屋時要保護自己並不難，最重要的是：**不要貪小便宜**，當你發現這間房子被房東說得天花亂墜，卻只要周邊出租房屋租金的一半，就要特別小心，畢竟房東租屋是為了賺錢，而不是做慈善事業。

除此之外，租屋時多比較，千萬不要怕麻煩，簽約時該做紀錄或拍照存證的，也都不可以省，與其發生問題時四處找人求救，不如一開始就做好萬全準備。若對租屋有疑問，可以上網查詢，參考「**行政院房屋租賃契約書範本**」、「**行政院房屋租賃定型化契約應記載及不得記載事項**」、「**崔媽媽基金會**」等資訊。最後，祝福大家在外租屋遇到好房子好房東，生活愉快！

好房東的「惡房客」反擊計畫

劉時宇

曾有房東見某女經濟狀況差，起善心給她三個月免房租，但某女竟恩將仇報，把房東父親的遺物，連同家具全部丟棄，房東氣得提告；而也曾有房東通報，房客今年一月失去聯繫並悄悄搬離，留下寵物在屋內，充斥糞便惡臭。對於房東而言，遇到「奧房客」真的令人頭痛，房東可以怎麼預防呢？

租賃時間要清楚

一般而言，**在訂立租賃契約時都會加上「期限」，可能是以一年或兩年為期，這樣的租約就稱作「定期租約」。而沒有定期限的租賃契約就稱為「不定期租約」。**

可是，一般大家簽約都會有日期，誰會簽訂沒有日期的啊？除非你明定沒有期限，不然還有在兩種狀況下會成立「不定期契約」。第一：**若租約的期限其實超過一年，但是卻未以字據訂立者**；第二：**若契約已經屆滿，但房客繼續使用，而房東沒有立即反對的意思**。這兩種狀況都會變成「不定期租約」！

成立「不定期契約」會怎麼樣嗎？不就是沒有期限而已？這時房東會很危險，因為房客可以表示：「你不可以亂漲我房租，也不可以請我搬出去，因為契約沒有期限！」

那房東該怎麼辦？這時候必須要符合《土地法》一〇〇條所規定的六個狀況，房東才可以請房客搬出去！

一、房東收回自住或重新建築時。
二、房客沒有經過房東同意轉租於他人時。
三、扣掉擔保金，房客欠超過兩個月的租金時。
四、房客用房屋來做違法的事情時。

五、房客違反租賃契約時。

六、房客弄壞房子卻不賠時。

而司法實務的認定，「定期租約」並不適用《土地法》第一〇〇條的規定，僅有「不定期租賃」才適用。因此，房東為了避免在回收房屋時徒增麻煩，實務上的租賃契約都會約定租賃的期間。

簽訂契約時「時間」一定要說清楚，不想租時就要提早和房客說，最好還要白紙黑字確立；若要續租時，也要另訂新的契約。**契約到期時，要儘快通知房客簽訂新契約，千萬不要以為雙方有默契就維持下去，不然就會變成「不定期契約」**！

此外，在訂約時，就應明白約定到期絕不續租，或到期續租應該要另訂新約。如果在契約到期後還打算繼續租給同一位房客，記得提前告知對方，最好在租約到期的前幾天就先簽好下一次的合約。此外，定期契約到期前，也可以存證信函告知租約即將終止。

押金是什麼？

押金，就是房東為了保障租金收入以及作為屋況的擔保。以往可能會收相當於數個月租金的押租金，但一〇六年以後行政院最新版的「房屋租賃定型化契約應記載及不得記載事項」中第五條，已經**明確規定押租金最高「不可以超過兩個月」房屋租金的總額**。

押金最主要的目的是在擔保房客會按時繳租金，若房客有欠租或是其他欠錢狀況時，押金可以由房東拿走，但若扣掉欠款後仍有餘額，當然還是要還給房客。另外，如果雙方有約定可以提前終止契約，房客必須提前一段時間（一個月或是數個月）告訴房東；**沒有事先通知房東的話，房東最多也可以收取相當於一個月租金總額的違約金**，違約金也可以從押租金中扣掉。

而租約期滿或終止後，房客應該要將房屋還給房東，如果房客不返還房屋，房東除了可以向房客請求沒有返還的期間的租金外，也可以請求違約金到返還為止，而當然這些也可以從押金中扣掉。

房客不繳租金要怎麼催？可以提前終止租約嗎？

當房東遇到不願意按時繳租金、失聯又避不見面的房客時該怎麼辦？

步驟一：催繳租金

首先當然要催繳租金，不論是用口頭、電話或是電子郵件的方式都可以，也許是房客一時間忘記了，雙方互相提醒一下，或許就不會產生紛爭了。

步驟二：第一次寄發存證信函

如果催了三、四次房客都沒有繳租金，此時就要直接寄發存證信函，催告房客限期給付租金（通常是函到五天或七天內）。（編註：關於存證信函，有需要的朋友可以到郵局買制式的稿紙喔！或是上郵政總局網站下載格式，填寫完畢後到郵局櫃檯寄出，郵局會將一份蓋戳印後交給房東留存，另一份以掛號方式寄出。）

步驟三：第二次寄發存證信函

假設房客接到存證信函還是沒有反應，仍然不繳租金且累積連續兩個月，就可以認定對方是沒有誠意要繳租金，這時就要再寄第二次存證信函。但這次有一點不一樣，就是向房客表示他已經連續兩個月沒有繳租金，自己不要再把房子租給他了。

要注意的是，依照《土地法》第一〇〇條第三款規定，房客積欠租金，除了以擔保金（押租金）抵償外，達兩個月以上時，房東得收回房屋。換句話說，若原來租屋時預收的押租金為兩個月，**房客必須欠租四個月（扣掉押租金的兩個月及另外又欠租金兩個月，共計四個月）**，**房東才可以請求收回房屋**。（編註：眼尖的大家可能會問，不是只有不定期租賃契約才有土地法第一〇〇條的適用嗎？但是依照最高法院的見解，《土地法》第一〇〇條第三款關於「擔保抵償租金」之規定，雖僅就未定有期限之租賃而設，然在有期限之租賃實具有同一之法律理由，自應類推適用。因此針對這一點，不論是定期或是不定期租賃契約都適用。）

步驟四：要求房客返還、遷讓房屋

如果房客還是置之不理，房東就只好走司法途徑——向法院提起民事訴訟，要求房客搬走。而**在法律上其實是比較保護弱勢的房客，因此房東千萬要依照程序規定終止契約，不可以偷吃步，否則終止可能被認為是無效**！取得勝訴判決後就可以走強制執行程序，請執行法院派警察協助，利用公權力的力量把惡房客趕走。

我就是不爽，直接斷水斷電逼房客搬走可以嗎？

在這裡千萬要停醒各位房東先生太太叔叔阿姨們，不要做傻事！房客不繳房租是民事糾紛，但是你們之間還是有簽租賃契約，房客有權利住在裡面。所以千萬不要自己跑去斷水斷電甚至換門鎖，這樣有**可能會涉及刑法上的「妨害自由罪」或「強制罪」**，不要隨意這樣做！

惡房客拒絕搬走，但有其他人想租房子，我可不可以直接拿鑰匙進去屋內把房子清空？

如同前面說過，雙方是訂有契約的，**即便你是主人，若隨意進入租屋處，也會犯了刑法上的「侵入住宅罪」**，因為房子租出去以後，房客就是房屋的「使用權人」；至於搬動房客的家當也是有極高的風險，如果房客事後說掉了錢或是家當損壞，房東很有可能會觸犯了「竊盜罪」及「毀損器物罪」。但如果是房客失聯已久，想要進去看一看，可以請轄區警員陪同，且建議開門後站在門口看就好，不要隨意進入屋內，走法律訴訟會比較有保障。

有什麼其他的好方法呢？相信有讀者看到前面終止契約的部分，一定會想：這法律對房東也太不公平了吧！終止租約及返還房屋還要打官司，打贏官司之後再聲請強制執行，多麻煩。**其實房東還可以在簽訂租約時「公證」，並且註明租約到期時，房客返還房屋為逕行強制執行之事項**。

透過公證，可以約定承租人交還房屋，給付租金及違約金，出租人返還押租金等事項，不須訴訟就可請求法院強制執行。但要注意的是，不是在所有情況下房東都可以不經訴訟程序直接拿公證書去強制執行，依照我國《公證法》規定，**只有「租期到期」時房東才可以拿公證書直接到執行法院聲請強制執行**。如果房客只是欠租，租約並未到期，房東仍然要依照前面所介紹的步驟一步一步走。

公證有什麼好處？假設你跟房客簽約半年並做了公證，先收到了兩個月押金，但後來房客就不繳租金了，那麼，你可以等租約到期，直接拿公證的租約到民事執行處請求執行，要求房客返還房屋。這樣就可以不用打官司，而最終損失也可以控制在四個月的租金左右。

寫到這裡，筆者突然覺得有點悲從中來，畢竟不管是「惡房東」或是「惡房客」，都會造成對方不小的麻煩，在最美的風景是人的台灣，還是希望不論是房客或房東都可以將心比心——如果不想要有惡房東，就要當個好房客；如果不要遇到壞房客，房東也不應該坑殺房客。只有雙方都能夠彼此信賴，才會有好的租屋環境。希望大家可以一起為台灣的租屋環境盡一份心力，打造良好的租屋品質。

法律白話文
小學堂

簽訂租約時，要注意加上「期限」，這樣的租賃契約稱為定期租約，沒有定期限的租賃契約則稱為「不定期租約」。另外，如果租約到期，房客繼續使用而房東沒有反對，以及租約超過一年卻沒有以書面簽約的話，也會使租賃契約變成不定期租約！不定期租約麻煩的地方在於，當房東要向房客請求返還房屋時，必須符合《土地法》的相關規定，才能請求房客搬走。

房東在簽訂租賃契約時常會要求房客繳交押租金，依照行政院頒布的規定，押租金不能超過兩個月的租金。

若雙方約定可以提前終止契約，則房客必須提前一段時間告訴房東，若沒有事先通知，房東「最多」可以收取相當於一個月租金總額的違約金喔！

當房客積欠租金時，房東要遵循：催繳租金、第一次寄發存證信函、第二次寄發存證信函的步驟向房客催繳；而房客積欠租金時，須扣除押租金後積欠達兩個月以上時，房東才可以收回房屋。另外，房東千萬不要恣意地對房客斷水斷電、或是破門而入，這樣可能有構成犯罪的疑慮！

網路購物陷阱多，有什麼保障機制嗎？

劉時宇

網際網路的快速發展，已經成為生活中不可缺少的一部分。不但改變了傳統的交易模式，也使得其中的法律關係日趨複雜。《消費者保護法》雖然將網路交易納入通訊交易的範圍內，但在交易型態不斷推陳出新的情形下，我們身為消費者，仍然要緊盯這樣的變化，也要不斷更新知識，才能夠保障自己的權利。

什麼是網路購物？

網路購物的特性在於運用網路作為訂定買賣契約的管道。以目前網路交易來說，大部分是由提供者預先寫好網頁，先明定契約內容，然後架設在網站上由消費者選購。

這種由單方預定式的交易模式與《消費者保護法》（以下稱《消保法》）中規定的「定型化契約」原則上是一樣的，因此《消費者保護法》中有關「定型化契約」的規定，原則可以適用到網路上的各種定型化契約。

什麼情況算是消費糾紛呢？

所謂消費爭議，依照《消保法》第二條第四款規定，是指消費者與企業經營者間因企業提供的商品或服務所生之爭議。換句話說，消費爭議僅限於消費者與企業經營者間（即 Business to Consumer，俗稱的 B to C）的爭議。另外，消費爭議限於消費者與企業經營者間**因商品或服務所生的爭議**，並不包括其他爭議在內。**網路上常見的代購業者，雖然不直接販賣商品，但因為屬於以勞務給付方式提供服務的營業，當然也適用《消保法》**。

發生消費爭議時，依照《消保法》規定，消費者可以進行申訴、調解，甚至是提起消費訴訟。

網路購物遇到商品瑕疵問題時，如何主張權利？

如果發現送達的商品有瑕疵時，可依據《民法》瑕疵擔保相關規定，利用網站上的客服電話或電子信箱，聯繫廠商退換貨。此外，網路購物的性質屬於《消保法》規定的「通訊交易」，依照《消保法》第十九條規定，網路購物刷卡後，消費者可以於收受商品之寄達翌日起算七日內請求退貨，而且**不需要說明理由及負擔任何費用**。

不過網路無國界，消費者若是向國外網站購買商品，在退款程序上可能會遭遇種種困難，也不一定適用我國法律。因此，刷卡前最好先了解網路交易之對象是否為國內業者，以免求償無門。

如果透過網購買的商品，超過七天才發現有瑕疵，還可以請求退換貨嗎？答案是**可以**。雖然已經超過《消保法》規定的時間，但此時消費者仍然可依據前述的民法求償。此外，實體店面購物可是沒有七日無條件退貨的保障喔！

網站可不可以規定「不提供七日無條件退貨」？

依照行政院消費者保護會所公布的「通訊交易解除權合理例外情事適用準則」，就部分性質特殊之商品或服務，例如**易於腐敗、保存期限較短或解約時即將逾期、客製化商品、報紙期刊、已拆封的個人衛生用品、影音商品與電腦軟體以及網路線上服務（如電子書、線上掃毒等）**，可以不適用七日無條件退貨，以平衡企業經營者和消費者間的權益。

仍有疑問或想進一步尋求相關服務，我可以怎麼辦？

消費者如有任何消費問題想要諮詢，可撥打「**1950**」**全國性消費者服務專線電話**（直接協助轉接至所在地縣市政府消費者服務中心）、行政院消費者中心服務專線，及各中央主管機關服務窗口之聯絡電話；電話及服務地址可於行政院消費者保護會網站點選「諮詢窗口」查詢。

而行政院消費者中心，也有聘請消保志工及義務律師提供諮詢，有許多資源都可以供消費者使用。網路購物方便且貼近我們的生活，但是因為隔著電腦螢幕，常常會有受騙上當的案例，大家在網路購物的同時，也要懂得保護自己喔！

法律白話文 小學堂

收到網路商品認為有瑕疵時，可以依《民法》規定，請求網路商家退換貨。另外，依據《消保法》規定，網路購物刷卡後，消費者可以在收受商品寄達的隔天起算七天內請求退貨，而且不須說明理由。要注意的是，如果收到商品的時間超過七天，但發現商品有瑕疵，還是可以請求退換貨喔！因為依照《民法》的規定，賣家本來就應該要給付沒有瑕疵的貨品給買家！

一二三四五六親等，搞得我頭好亂，到底該怎麼算？

全宥縢

生活中，我們常會遇到一些關於親等的規定，例如《優生保健法》規定懷孕婦女四親等內的血親患有礙優生的遺傳性疾病，這個懷孕婦女就可以依自己的意願決定實施流產手術；或者《民法》規定六親等以內的旁系血親不可以結婚等。這些與我們生活息息相關的規定，其中提到的親等該如何計算呢？

是血親還是姻親？

在計算親等前，首先需要區分何謂血親及姻親。

我國法律將親屬分為血親跟姻親，**血親就是指在事實上具有血緣關係**，像是父母、祖父母、叔伯、姨舅、兄弟姊妹、子女、孫子女等血緣關係。但是，依法

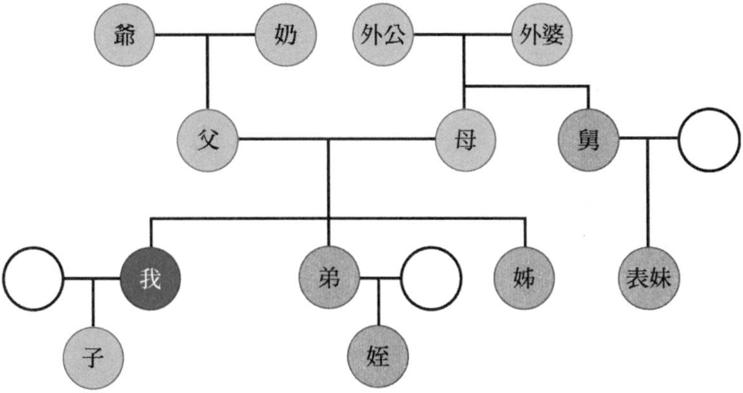

律規定，可以「擬制」取得血親身分，例如養父母、養子女等。姻親則是指因為婚姻關係而發生的親屬，像是公婆、岳父母、女婿、媳婦、姊夫、妹夫、嫂嫂、弟妹、連襟、妯娌等。

而血親又可以分為直系血親和旁系血親，**直系血親**（**圖中咖啡色部分**）在法條上的用語為「己身所從出」或「從己身所出」，舉個例來說：你是從你父母那裡來的，而你父母是從你的祖父母那裡來的，所以你的父母和祖父母就是你的直系血親；另外，你的子女是從你那裡來的，而你的孫子女是從你小孩那裡來的，所以你的子女和孫子女也是你的直系血親。

此外，**旁系血親**（**圖中灰色部分**）則是指除了直系血親外，與你來自同一個血源的人，像是你的兄弟姊妹都是你父母所生的，你的叔伯都是你的祖父母所生的，所以你們都是來自同一個血源的人，他們就是你的旁系血親。

了解了血親怎麼分類之後，接下來我們就可以正式進入親等計算的世界，不妨把你們家的親屬關係圖畫出來，然後跟著我們一起算出你和你的家人之間是幾親等的關係吧！

直系血親的親等怎麼算？

在**直系血親**的部分（也就是父母、祖父母、子女等）：先找出你想要算出親等的對象後，以自己為基準點往上或往下數你們之間相差的輩分數。假設今天你想要算出你和

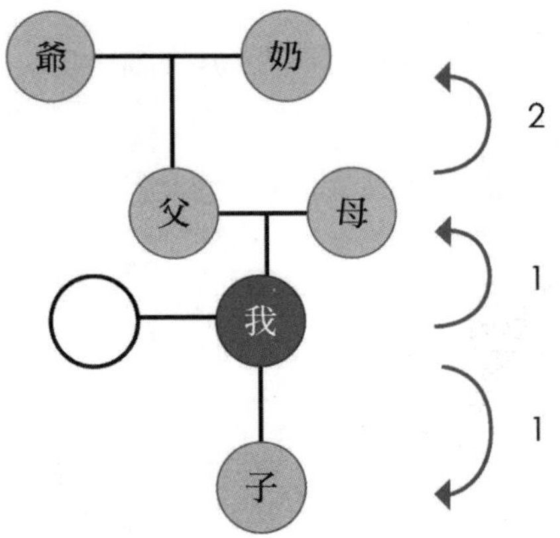

圖一

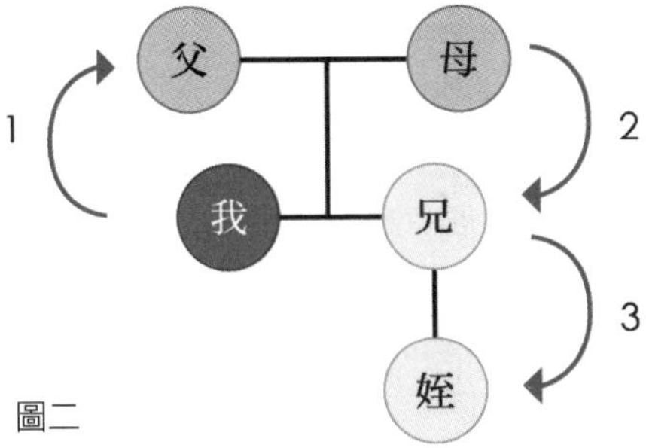

圖二

你父母之間的親等，那麼就以你為基準，往上數一個輩分，所以就可以知道你和你父母間是直系血親一親等。依照這樣的方法，也就可以計算出你和你的祖父母為直系血親二親等。（如圖一）

在**旁系血親**的部分（也就是兄弟姊妹、叔伯、姨舅、姪子等），算法則稍稍複雜些：找出你想要算出親等的對象，並且找出你和這個對象來自哪一個共同血源的家屬（舉例來說，你的兄弟姊妹和你的共同血源就是父母），以自己為基準往上數到這個共同血源的家屬，然後再從共同血源的家屬往下數到你想要算親等的對象。假設今天你想要算出你和姪子之間的親等，你們之間的同血緣就是你的父母，所以就以你為基準往上數到父母，再從父母往下數到姪子，就可以知道你和姪子為旁系血親三親等。（如圖二）

姻親的親等計算好複雜？

介紹完血親的親等計算方式後，接下來就要開始介紹姻親的親等計算方式。

如同前面所說，**姻親**（**下圖咖啡色部分**）是因為婚姻關係而發生的親屬，而姻親又可以分為三種類型，第一種：**血親之配偶**，也就是與你有血緣關係家人的配偶，像是你的女婿、媳婦、嫂嫂、姊夫、妹婿等；第二種：**配偶之血親**，也就是你配偶的直系血親或是旁系血親，像是你配偶的爸爸（岳父、公公）、媽媽（岳母、婆婆）、兄弟姊妹等；第三種：**配偶之血親之配偶**，也就是與你配偶有血緣關係的家人的配偶，像是常見的妯娌、連襟等。

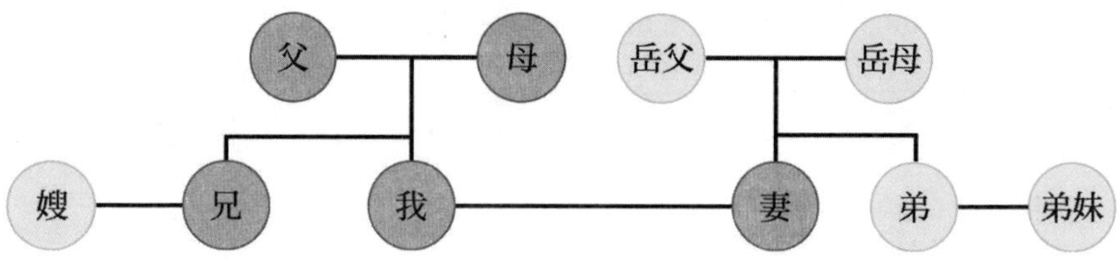

了解了什麼是姻親，我們就可以開始進入姻親的親等世界。在計算姻親的親等時，要記得先判斷你想計算的對象是屬於姻親中的哪一種類型喔！

一、**血親的配偶（也就是女婿、媳婦、嫂嫂、姊夫、妹婿等）**：這類姻親的親等計算方式，則是與他們配偶（也就是我的血親）相同。這樣聽起來是不是有點抽象？舉例來說，假設今天要計算我和我嫂嫂之間的親等，首先，先判斷我的嫂嫂是姻親中的哪個種類？在這邊我的嫂嫂是我哥哥的配偶，也就是屬於姻親中「血親的配偶」這一類。因此，我和嫂嫂之間的親等就與我和哥哥之間的親等相同。所以，我和哥哥是旁系血親二親等（旁系血親親等算法），那我和嫂嫂就是旁系姻親二親等。

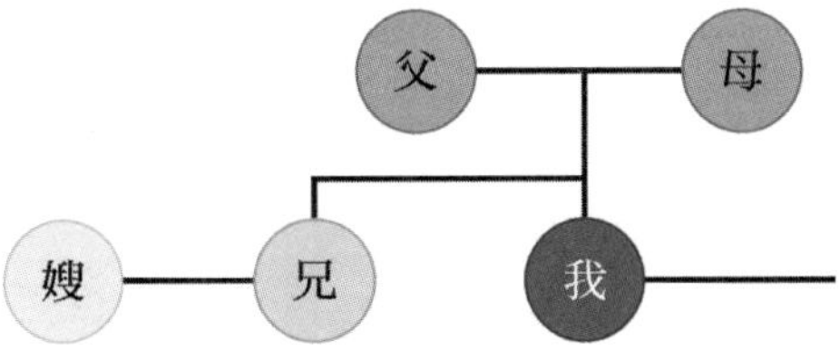

二、**配偶的血親**（**也就是岳父母**、**公婆**、**配偶的兄弟姊妹等**）：這類親等的計算方式，則是看想要計算的對象與我的配偶之間的親等為何。舉例來說，假設今天要計算我和岳父之間的親等，而岳父是我的妻子（配偶）的爸爸，也就是屬於姻親中「配偶的血親」這一類。因此，我和岳父之間的親等就與岳父和我妻子之間的親等相同。所以，岳父和我妻子是直系血親一親等（直系血親親等算法），那麼我和岳父就是直系姻親一親等。

三、**配偶之血親之配偶**（**也就是妯娌**、**連襟等**）：這類親等的計算方式，則是看想要計算的對象與我的配偶之間的親等為何。舉例來說，假設今天要計算我和妻子的弟妹之間的親等，而妻子的弟妹也就是屬於姻親中「配偶（妻子）的血親（弟弟）的配偶」這

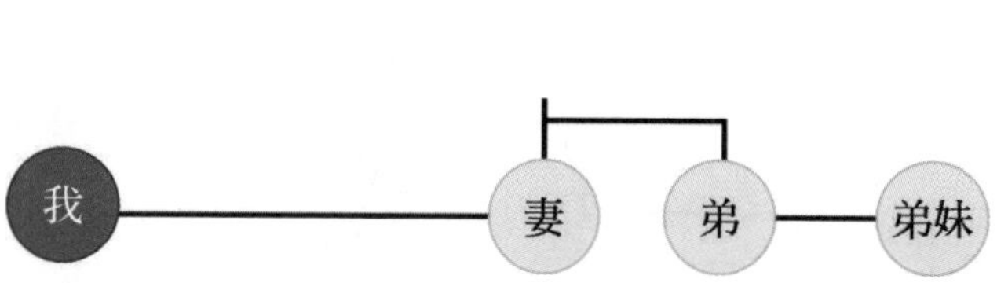

一類。因此，我和她之間的親等就與她和我妻子之間的親等相同。至於她和我妻子的親等算法，則回歸到第一種姻親類型的親等算法，因為她是我妻子的弟弟的配偶，也就是其血親的配偶，因此她和我妻子是旁系姻親二親等，那麼我和她之間也就是旁系姻親二親等。

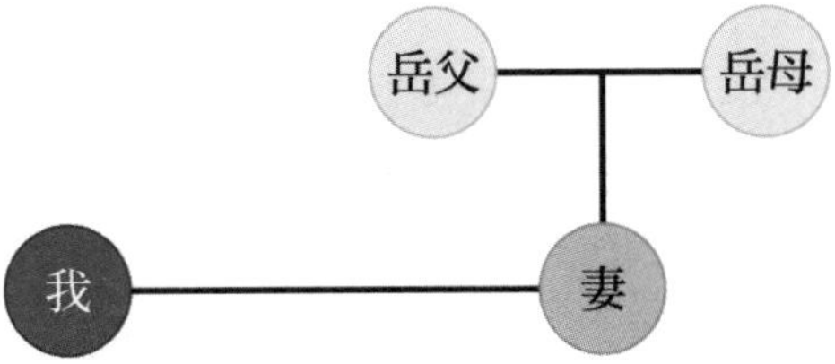

法律白話文
小學堂

算到這邊是不是覺得頭腦快要炸掉了，想必大家現在一定覺得親等這個東西真是惱人又拗口。不過，只要跟著上面的方法，然後實際算算看自己與家人之間的親等，相信你也可以成為算親等達人。以後如果再看到一堆跟親等有關的規定時，就可以自己算出家人之間的親等，不需再仰賴懂法律的人或其他網路資料了。

監護人？法定代理人？傻傻分不清楚

蔡孟翰

「小朋友，請填寫這張報名表。」

『好的。緊急聯絡人我要寫我老爸。』

「喔，這樣看來你並沒有監護人。」

『P啦！我老爸、老媽都好好的，我怎麼會沒有監護人！』

「就是因為你老爸、老媽都好好的，所以你才沒有監護人啊！」

小時候在寫個人資料時，不知是否有看過「監護人」的欄位，大家通常都怎麼填呢？其實在法律上，「監護人」和「法定代理人」是不同的意思喔！

什麼是法定代理人？

法定代理人，就是為了保護思慮比較不完整的對象——無行為能力人（未滿七歲或受監護宣告的人）和限制行為能力人（滿七歲但未滿二十歲）；或是法人因為是虛擬的人格無法自行做出決定，因此設置了「法定代理人」的角色，**代替無行為能力人、限制行為能力人或法人把關，表示或接受具有法律效果的意思傳達**。

如法律上考量**未成年人**心智還不成熟，當**未成年人**遇到要和其他人做有法律效果的行為時（如：買賣東西、簽訂契約等），為了避免好傻好天真的小朋友們做出錯誤的決定，於是需要**法定代理人**介入協助。（這裡也要特別注意，《民法》上的「成年」是二十歲，滿十八歲只是《刑法》上完全行為能力人，犯法要為自己負責，但並不是真正的成年。）

父母對未成年的角色

依《民法》，父母除了對子女有保護及教養的權利與義務、可以在必要範圍內懲戒子女，以及管理子女的特有財產外，父母更是子女的**法定代理人**。因此在年滿二十歲之前，子女法律上的意思表示——幾乎應該經過父母同意（但滿七歲以後的日常生活所需，例如用零用錢買零食吃，就可以自己決定了）。

所以小時候爸爸媽媽幫忙保管過年紅包，但是想要買玩具時他們又說不行，真的也~~只能認了~~……說他們是為自己好~

誰是監護人？

但如果很不幸地，父母雙雙過世、或是沒辦法照顧子女（如失蹤、在監獄服刑、或是智能障礙等情況），為了讓未成年人還是能夠受到保護，就出現了「**監護人**」的角色。

「監護人」就是在**未成年人無父母，或者父母雙方都不能行使或負擔親權的責任，才會由父母以外的第三人擔任監護人的方式，作為保護並教養未成年人的法定代理人**。

法定代理人和監護人也未必是只有未成年人才有喔。成年人如果因為精神障礙或其他心智缺陷，而無法有效地表達、接受自己的意思或識別他人的意思，成為無行為能力的狀態，情況就和未成年人相似，需要第三人協助以行使法律上的權利、義務。因此，**可以對無行為能力的成年人向法院聲請「監護宣告」**（**以前叫做「禁治產宣告」**），**選出監護人擔任他的法定代理人**。

什麼人可以當監護人？

法律並沒有規定受監護宣告的成年人監護人一定要由誰來擔任，但**人選必須經過法院裁定核可**。

相較之下，法律對未成年人的監護人就有比較明確的規定。原則上父母可以透過遺囑的方式指定未來自己過世時，應該由誰來擔任自己子女的監護人。

但是，如果父母是因為不能實質照顧未成年子女、或是過世前並沒有指定監護人，法律就有規定應該由誰來擔任監護人，依序是和未成年人住一起的阿公阿嬤、再來是和未成年人住一起年滿二十歲的哥哥或姊姊，最後是沒有和未成年人住一起的祖父母。如果不能由以上的順位人選擔任監護人，還是可以透過法院另外指定監護人。

當然，設立監護人這個身分就是為了要保護無行為能力人或限制行為能力人，因此監護人行使職權時，必須為當事人做最理想的考量。

「監護權爭奪」是在爭什麼啦？

大家或許常聽到離婚的夫妻表示要「爭取孩子的監護權」，目前《民法》第一〇五五條第一項前段規定：「夫妻離婚者，**對於未成年子女權利義務之行使或負擔，依協議由一方或雙方共同任之**。」就是指夫妻離婚後，未成年子女應該由父母其中一位照顧。如果雙方協議不成，可以由法院裁判決定。民國八十五年時法律就已經將父母對「子女監護」改為「對未成年子女權利義務行使或負擔」，所以現行民法下的「監護權」是歸屬於監護人可以行使的職權。既然父母並不是子女的監護人，自然就不會有監護權的問題，較精確的說法是「行使、負擔親權」。

如果父母離婚時要爭取未成年子女的親權，但是法院認為父母都不適任時，應該依子女的最佳利益選定適當的人擔任「監護人」。

法律白話文
小學堂

為了保護思慮比較不完整的對象：無行為能力人（未滿七歲或受監護宣告的人）和限制行為能力人（滿七歲但未滿二十歲），或是法人因為是虛擬的人格無法自行做出決定，而設置了「法定代理人」的角色，代替表示或接受具有法律效果的意思傳達。

監護人則是當未成年子女沒有父母，或是父母不能行使或是負擔親權責任，才會由父母以外第三人擔任監護人的方式，保護並教養未成年子女。

另外，雖非未成年人但是卻無法有效表達意願或是接受別人的意思，稱為「無行為能力人」，法院可以對他作「監護宣告」，並選出監護人擔任他的法定代理人。

這樣大家分得出來法定代理人和監護人了嗎？總的來說，父母一定不是監護人，監護人一定是法定代理人，但是法定代理人不一定是監護人喔～（繞口令）

偶像劇中的假結婚契約，在法律上到底有沒有效？

陳彥熹

近年來，無論是台劇、陸劇甚至韓劇等，一直上演男主角與女主角並非相愛，而是因為不得已的原因而假結婚的戲碼，但這些假結婚契約，究竟在法律上的效力為何呢？

結婚是一種契約

婚姻在法律上的意義是一種契約，契約在法律上可分為不要式契約與要式契約，不要式契約是指締約方能以口頭、書面甚至其他方式來訂立契約，例如今天去菜市場買菜，問老闆一顆高麗菜多少錢，她回答三十元然後你說你要買一顆。此時你們之間的買賣契約，就以口頭的方式成立並且生效。要式契約是指除了訂立契約的締約人意思表示合致外（意思表示合致是指你表示以十元賣給我一枝鉛筆，我也表示同意用十元跟你買。此時就達到了意思表示合致），還需要用一定的方式才能成立而且生效。而**結婚契約就是一種要式契約，法律上明文規定要以書面方式來訂立才能生效**。

台灣的結婚制度

在台灣如何確立婚姻的效力呢？《民法》第九八二條，**規範結婚須以書面形式、加上兩個證人簽名，並到戶政機關辦理登記**。也就是說，雙方結婚應該不是辦辦喜酒、請請賓客就算了，如果沒有到戶政機關辦理結婚登記，那只能說鑽戒是假的、婚紗是假的、我愛你是假的、一切都是假的！

來看一下偶像劇的各種劇情，姑且不論偶像劇的各種結婚理由多不合邏輯，如指腹為婚、喝醉酒跑去戶政機關辦登記等，簡言之，有許多都不是在基於你情我願的意思表示合致情況下成立的，很多都是在各種理由與無奈地逼迫之下點頭答應的，往往背後有不可告人的祕密——假結婚契約。

例如：某某偶像劇中，A男與B女雖然依法去戶政事務所辦理登記結婚，但雙方私底下自行簽訂一份假結婚契約，說明兩人的婚姻是假的，該契約明定兩人於三個月期間要對外扮演一對恩愛夫妻，並遵守夫妻間應有的義務。不過**《民法》規定，法律行為如果違反公共秩序或善良風俗，那就是無效**！因此如果雙方同意簽訂契約的話，契約還是無效的喔！

至於雙方的婚姻關係效力如何呢？大法官曾經指出，婚姻是雙方為了永久共同生活，並使彼此人格可以實現和發展的生活共同體，在精神和物質上互相扶持依存。但是如果雙方或一方根本沒有要永久結合、共組家庭的關係，基於不情願的情況下辦理結婚登記，還是有可能主張當時的結婚是基於詐欺、脅迫或虛偽的意思，請求法院撤銷雙方婚姻關係。

再來，跳脫偶像劇的框框，回到現實面看看，有些夫妻為了使自己的生活更有保障，在結婚時簽訂**婚前協議**，還沒有結婚就先約定好如果未來離婚了，誰應該賠誰多少錢、多久不能再婚啦什麼的。對於這種還沒結婚就在想離婚的情況，就**直接跟剛剛那個假結婚協議一樣，違反善良風俗直接給它無效了啦**！

結婚的另類保障——離婚保險

說到婚前協議，我們又想到一個很有趣的東西，不知道大家有沒有聽過「**離婚保險**」呢？離婚保險又稱作「Wedlock」（婚鎖），能夠在婚後發現婚姻是愛情的墳墓時，獲得一筆賠償金，但為了防止夫妻（或夫夫／妻妻，以下簡稱夫妻）在離婚前才去投保，特別規定這些保險客戶必須在離婚前，有四年的預付金。另外，還有怕因為結婚的雙方年輕衝動，不分青紅皂白愛上了就去領證，對於這種衝動的情愫，美國也開放夫妻雙方的父母可以幫他們的小孩買離婚保險，只是限定受益人只能填自己的兒女（要結婚的那個兒女喔，不是結婚之外的其他兒女！）很多人覺得這個制度挺不錯的，畢竟保險的性質嘛，就是一種未雨綢繆的概念。

至於台灣有沒有這種制度呢？答案是NO。但**台灣有一種保險叫做「結婚保險」**，這個保險規定的類型比較特別，主要是在新人絞盡腦汁規劃「照理來說應該是一生一次」的婚禮時，避免美好的婚禮因意外而有變動，所以推出了「結婚綜合保險」，保險內容包含婚禮或婚宴取消補償、婚宴食物中毒慰問金補償、海外蜜月旅遊不便保險等。讓大家在籌備美滿婚禮時有個保障，是不是很細心呢？

為大家總結一下吧！總之，人人都說婚姻是一輩子的事，所以結婚前需要三思、三思、再三思。然而，人非聖賢，孰能無過呢？即使再深思熟慮的人都可能犯錯，時時提醒自己不要被衝動沖昏了頭，就不用一直簽一堆有的沒的契約啦！

法律白話文
小學堂

依我國《民法》規定，結婚需要符合「書面形式」、加上「兩個證人簽名」、「到戶政機關辦理登記」等形式要件。

若雙方在辦理結婚登記前，私底下簽了「假結婚」契約，則這樣子的契約可能因為違反《民法》：「法律行為如果違反公共秩序或是善良風俗，無效」的規定，而使該契約無效。另外，若是夫妻間的婚前協議有違反公共秩序或是善良風俗的情況，那麼也可能會使該協議無效。

真的可以靠贍養費一夜致富嗎？

蔡孟翰

常見媒體報導，國外哪位明星和妻子離婚，支付鉅額的贍養費。據報載，好萊塢明星梅爾吉勃遜在二〇一一年離婚後，須支付約新台幣一百二十三億五千萬元的贍養費給妻子，創下好萊塢男星最高的贍養費紀錄。籃球之神喬丹當年離婚時，也支付贍養費約新台幣五十三億七千六百萬元給前妻。

天啊！看來找個有錢的好伴侶結婚真的很幸福，但是如果結婚後感情不睦，好像也是可以用「塞翁失馬」來為自己打打氣!?

贍養費到底是什麼？真的可以得到天價的鉅款嗎？想也知道，如果真的可以，還需要寫這一篇嗎？所以先說結論——

贍養費不可能多到讓你成為億萬富豪！

先看看條文怎麼說——《民法》一〇五七條規定：

夫妻無過失的一方，因判決離婚而陷於生活困難者，他方縱使無過失，亦應給予相當之贍養費。

離婚的方式可分為夫妻兩人都點頭簽字同意離婚的「協議離婚」、以及雙方撕破臉告上法院的「判決離婚」。

由於協議離婚是夫妻共同的決定，離婚條件可能都已經有一定的共識，包括離婚後一方要給他方多少錢，自然就沒有法院登場的機會；但是**如果雙方始終沒有共識，而由公正第三方的法院決定是否應離婚以及離婚的條件**。**贍養費此時也是判決離婚時可以請求的項目囉**！

而條文還規定，必須因為離婚而陷於生活困難，也就是夫妻一方在離婚後生活就沒有辦法維持。例如過去都是老公出外賺錢，老婆在家顧小孩，一旦離婚，老婆可能無法立刻找到工作維持生計，因此需要老公支付贍養費；**換句話說，如**

果老婆本來就有穩定的工作，可能就沒辦法請求贍養費。而且這筆費用也只限於提供生活所需，實務常見法官依據政府公告當地人民平均每月消費支出的標準，作為贍養費計算的標準。

實務見解（八十七年台上字第一一二八號判決）

贍養費，為填補婚姻上生活保持請求權喪失而設，其給予範圍限於權利人個人生活所需。至其給與額數，則應斟酌權利人之身分、年齡及自營生計之能力與生活程度，並義務人之財力如何而定。並不及於未成年子女之生活上需要。

說好的鉅額分手費呢？

既然贍養費不多，那前面所說的天價分手費到底是怎麼來的勒？

其實是夫妻財產制的「**剩餘分配請求權**」。夫妻倆結婚後，可能會約定好一方心無旁騖的出外打拚工作賺錢、一方心無旁騖的照顧小孩整頓家務，但如果兩人後來離婚了，登楞！可能一方賺好多錢、一方卻沒有收入，為了公平起見，就讓兩人婚後的收入平均分配（畢竟沒有另一半在家支持，你也未必有今天的江山啊～）。

因此，**夫妻之間如果沒有特別約定婚後財產狀態要怎麼管理，就直接適用「法定財產制」，如果之後婚姻關係終了（如離婚、配偶一方死亡等等），夫妻婚後的財產收入就應平分**。

舉個例子：

A男與B女結婚後兩年內，A男賺五百萬元，B女賺一百萬元，兩年後他們決定離婚，那麼A男就應該給B女兩百萬元。（五百萬元－一百萬元＝四百萬元，四百萬元再平分一半給B女）。這就是夫妻剩餘財產分配請求權，這也正是為什麼那些大明星離婚需要付給元配這麼多錢了。

《民法》第一〇三〇條之一第一項規定：

> 法定財產制關係消滅時，夫或妻現存之婚後財產，扣除婚姻關係存續中所負債務，如有剩餘，其雙方剩餘財產之差額，應平均分配。但左列財產不在此限：一、因繼承或其他無償取得之財產。二、慰撫金。

扶養費表示：「跟我沒關係。」

順帶一提，離婚時也常見所謂的「扶養費」，和前面的贍養費是不同的。依《民法》第一一一六條之二規定：

> 父母對於未成年子女之扶養義務，不因結婚經撤銷或離婚而受影響。

所以**夫妻離婚後，不管由哪一方取得對孩子的親權，未取得的一方對子女的生活成長及教育還是應該負擔扶養費**，也就是說，扶養費是存在於父母與子女之間，而不是夫妻之間，因此不屬於贍養費喔！

法律白話文
小學堂

要拿到《民法》所規定的贍養費，需要是雙方無共識，「由法院判決離婚」才能請求外，更需要夫妻一方「因離婚限於生活困難」，比如說家庭主夫或是家庭主婦，一旦離婚無法立即外出找工作等原因，此時另一半就需要支付贍養費。以這個標準來看，是無法藉由離婚而得到「天價贍養費」的，因為法院所裁定的贍養費只會是可以使夫妻一方「不會因為離婚而陷於生活困難」。

另外，一般在電視上看到的「鉅額分手費」，多半是由「法定夫妻財產制」而來。在夫妻未特別約定財產制的情況下，依《民法》規定，適用法定財產制，也就是婚姻關係終了時，兩個人在婚姻關係存續期間的財產收入應該平分！

而應與贍養費區分的是「扶養費」的概念，扶養費主要是規範父母子女間的扶養義務，與贍養費是存在夫妻間是截然不同的概念！

完全合法縱慾指南

江鎬佑

性，是人類數一數二私密的事，人們時而對其渴求，時而對其恐懼，不過不管和你發生性關係的對象是你夢想的六塊肌還是大肚腩、躺在你身旁的是蘿莉、姊系，是熊是狼，應該都沒有人希望因為幾分鐘的愉悅燕好，而面臨牢獄之災。因此，一則完全合法縱慾指南，實在是燈紅酒綠、魚水之歡的必備良藥。

法律上的做愛、愛撫、挑逗＝性交、猥褻、性騷擾

人類對於性的慾望會以千百種方式展現，但是在法律上卻沒有管那麼多，大抵上就分成「性交」、「猥褻」、「性騷擾」，三種類型。

根據中華民國《刑法》，性交有兩種：第一種是「**以性器進入他人之性器、肛門或口腔，或使之接合之行為**」；第二種是「**以性器以外之其他身體部位或器**

物進入他人之性器、肛門，或使之接合之行為」，所以不管是中出、口交、肛交、指交、拳交、按摩棒交、磨豆腐都算是刑法上性交。

而「猥褻」相對於「性交」概念上就較為複雜，同一個單詞因為呈現的方式不同而有不同的定義，**如果「猥褻」是被人用動作做出來的話，泛指「足以滿足自己性慾，從他人眼光來看也是色慾展現的行為**」，而如果涉及侵犯別人性關係的自主權利時，則這個滿足自己展現色慾的猥褻行為，則必須是性交以外的行為。

舉例來說：如果是獨自一個人在公園打手槍、兩個人上演活春宮，因為並沒有侵犯到別人發生性關係的自主權利，所以這個暴露於大眾的公然猥褻行為，包括了兩個人在公園中出、口交、肛交、指交等性交行為。但是如果是用暴力或其他方式，要求別人滿足自己的性慾的猥褻行為就會排除「性交行為」，這是因為**刑法在處罰妨害性自主這個行為時，會因為行為人得逞的程度不同，還有對受害人的傷害不同而有輕重不一的處罰規定**，畢竟中出跟顏射和揉屁屁顯然是不能畫上等號的！

至於**性騷擾，因為還沒有達到影響受害人的性自主意思，也就是決定跟誰發生性關係的自由，而僅是滋擾了受害人關於性、性別可以不被干擾的權益**。雖然**侵害的強度不及強制性交及猥褻，卻也會讓人感覺不舒服**，所以**依法予以禁止**。按照《性騷擾防治法》第二條，只要**違反對方意願對其施行隱含有「性意涵」但非「性犯罪」的行為**，並依對方順服或拒絕該行為，影響他工作、教育上的權益；或是透過各種表示方式如文字、言語、圖畫，侮辱對方、造成對方內心恐懼、冒犯，甚或影響其工作、教育或日常正常生活，都算是性騷擾行為。

其中，如果是趁受害者來不及抗拒、反應的情況，親吻、擁抱或觸摸其臀部、胸部或其他身體私密部位的行為，因為時間非常短暫，就一般人來說根本不會產生性慾，所以沒有達到「猥褻」的程度。但是**這樣帶有「性意涵」的舉動，不僅與被害人發生身體碰觸，更讓被害人承擔後續的恐懼及噁心感受，所以設有「有期徒刑」的處罰**。

你情我願的性愛才是歡愉的性愛

在性行為的當下取得對方同意，是合法發生性關係的基本前提，台灣刑法的妨害性自主犯罪，所要保護的正是**「人」可以自由自在的決定是否要跟對方發生性關係**（包括性交跟猥褻）的**「自主」權利**。如果你是透過壓制使對方被迫與你發生性關係，或是利用對方沒辦法妥適地決定要不要跟你發生性關係的狀態，這些並非你情我願的情況，都構成刑法上輕重不一的妨害性自主罪了。

如果是使用強暴、脅迫手段，用言語宣稱將對其不利的恐嚇，使用催眠術、藥物等其他任何一切妨害被害人決定自由的行為，就犯了**強制妨害性自主罪**；若是利用對方智能上的缺陷，精神、身體上的障礙或處於熟睡的狀態，則是觸犯了**乘機妨害性自主罪**；如果是利用自己監督對方的權勢，或扶助、照護弱勢者的機會，趁著對方承受很難說不的壓力或顧慮不利的後果，違背自己發生性關係的自由意志，就犯了**利用權勢妨害性自主罪**；如果是透過詐術讓對方以為自己是他的配偶，則犯了**詐術性交罪**。

說「好」就沒事嗎？

那麼是不是當對方說「好」，就沒事了呢？會這樣問答案當然是否定的。因為**並非所有「人」都被肯認有完整的與他人發生性關係的「自由意志」**，如果要與你發生性關係者是未滿十六歲的人，立法者認為這些「**小朋友們**」，對於要不要發生性關係、要不要跟那個人發生性關係、要不要讓自己的身體私密部位給別人碰觸都屬於懵懵懂懂的狀態，所以跟這些小朋友做愛的人，無異是利用了**小朋友們「懵懵懂懂」**、「**不完整的自由意志**」，成功取得跟對方發生性關係的權利。

所以只要當事人明確知道跟他做愛的人是十六歲的人，或是就算沒有明確知道，依照一些客觀情況也大概可以知道同意跟他做愛的是未滿十六歲的人（像是還穿著國中制服），也算「妨害性自主」的行為。只有當你本身也未滿十六歲或是剛脫離「懵懵懂懂」不久，還是十八歲以下的少年郎或是一朵花，在兩情相悅、情投意合下，基於「兩小無猜」，在刑法上是可以減輕或免除你的刑罰的。

另外，如果是靠花錢得到的那句「好」，因為**性交易專區在台灣尚未設立**，**性工作者普遍仍屬於「非法」狀態**，所以當十八歲以上之人所為的性交易相對人是十八歲以上的人時，觸犯的是《社會秩序維護法》第八〇條，會被處以三萬元以下的罰鍰；而為了杜絕雛妓，若十八歲以上之人與十六歲以上未滿十八歲人為有對價之性交或猥褻行為者，將會被處三年以下有期徒刑、拘役或新台幣十萬元以下罰金；而跟未滿十六歲的人發生性關係，自然不會因為有沒有付錢改變它利用了**小朋友們「不完整的自由意志」**，所以就跟前面所說的一樣，屬於「妨害性自主」行為。

縱慾檢核表

看完落落長的文章，你是否還有疑問？沒關係，你的擔心法律白話文都知道，只要循著以下的合法性愛檢核表，包準你可以有段合法的性愛旅程，不過不保證過程歡愉滿意就是了。以下的問題你打了 ✓ 就 GG 惹：

Q1：你是否以支付金錢的方式與對方發生性關係？

· ✓ →→請看 Q2

Q2：你支付金錢發生性關係的對象年齡是？

· 18 歲以上：違反社會秩序維護法。→→三萬元以下罰鍰

· 16 歲以上未滿 18 歲：違反兒童及少年性剝削防制條例→→有期徒刑、拘役或新台幣 10 萬元以下罰金

· 16 歲未滿：刑法。→→看情節輕重處 6 個月到 10 年之間的有期徒刑

Q3：請問今天和你發生性關係的對象是有能力同意與你發生性關係的人嗎？

· 對方是否已經年滿 16 歲？

Q4：請問你是否有對相對人施行壓制對方要不要跟你發生性關係的決定自由？

· 暴力手段

· 藥物

· 催眠術

· 詐術

· 利用權勢

Q5：請問你有利用對方沒辦法妥適地決定要不要跟你發生性關係的狀態嗎？

· 對方處於精神不濟、昏睡狀態

· 對方處於智能缺陷狀態

· 對方處於身體障礙狀態

· 對方處於需要你的扶助跟照護的狀態

三杯黃湯下肚，然後他就酒駕了

廖伯威

二〇一六年八月二日，筆名「司馬文武」的作家江春男早上在總統府宣示就任駐新加坡代表後，當晚在台北市濱江街遇到警方酒駕臨檢，發現酒測值高達 0.27mg/l，超過法定值 0.25mg/l，被依違反公共危險罪嫌移送法辦。經檢察官偵辦後，台北地檢署八日予以緩起訴處分，幾天後，江春男引咎辭職。

酒駕的分類——要抓去關的那種酒醉駕車

在媒體大肆報導下，除了行車記錄器、PTT、YouTube之外，在新聞上最常看到的，大概就是因為酒駕導致的車禍了。每隔一陣子，還會出現某某政要、某某藝人酒駕。酒駕在台灣似乎成為了十惡不赦的行為，甚至有聲音要求酒後駕車視同殺人。「開車不喝酒，喝酒不開車」，這句話像是魔咒一樣，從小在學校、電視甚至平面廣告上不斷地出現、洗腦，台灣應該沒有人不知道這標語。但是，法律到底是如何規定酒駕的處罰呢？為什麼有些人可以繳罰單了事，有些人卻要坐牢？面對酒測時，我們又有什麼可以主張的權利呢？

新聞上常說某某人酒駕被依「公共危險罪」移送法辦，你可能以為公共危險指的只有酒駕這件事，但事實上「公共危險罪」類型很多，像是放火、放炸彈、放毒藥等，可能會讓公眾們陷入生命身體傷害的行為，都會被納入「公共危險罪」。而**不能安全駕駛這種公共危險罪，包含了三種不能安全駕駛的行為，酒駕只是其中的一種，一旦一個人在駕駛交通工具時有「不能安全駕駛」的情況時，都違反了本條的規定，必須受到刑罰的制裁**。

吐氣或血液中的酒精濃度超標

這是所有不能安全駕駛行為中最大宗的一種，也就是當你喝了酒又開車，很不幸地，遇到警察臨檢，警察看到你滿身酒氣於是請你下車受檢，吹氣後**酒測值超過每公升 0.25 毫克**的法定值時，那麼你酒後開車的行為會直接構成「不能安全駕駛罪」的現行犯，警察必須逮捕你並且移送檢察署繼續偵辦，由檢察官依據偵查的結果決定起訴、不起訴或緩起訴。

無論你的酒量有多好，**即使千杯不醉，但只要酒測值超標，刑法一律認為你不能安全駕駛**。再加上《刑法》規定「每公升 0.25 毫克」的標準，和全世界比起來數一數二嚴格，常常有雖然沒喝酒，但吃了「土虱」、「藥膳排骨」、「麻油雞麵線」等酒精料理而超標被移送法辦的情形，所以各位讀者，即使沒有喝酒，開車前還是得留意一下，是不是吃了含有酒精的料理喔！

沒超標但還是茫到不能好好開車的情況

如果你僥倖躲過酒測，低於標準值，可別高興得太早。很不幸地，你酒量不好，半罐啤酒也讓你醉得不要不要的。那麼你可能就要注意了，即使酒測值沒有超標，但警察可以藉由一些簡單的測試，**像是畫同心圓或是直線測試、對話反應，**

來檢驗你能不能安全駕駛。如果沒有通過，就可以根據這個「服用酒類或其他相類似物品」的規定認為你不能安全駕駛囉！

服用毒品、麻醉藥品或其他類似物品而不能安全駕駛

顧名思義，即使你沒有喝酒，但嗑藥嗑到鏘了。就如同第二點的情形，當你因為吸毒、嗑藥嗑到茫導致不能安全駕駛，就構成了本罪喔，只是把酒替換成毒品、麻醉藥品而已。

另外，因為《刑法》法條裡面明定了「駕駛動力交通工具」，所以只有駕駛汽車、機車等等會自己產生「動力」的交通工具才有構成本罪的問題，如果喝了酒，**但只是坐在車上發呆**、**睡覺**、**打東東**，**沒有「駕」當然不會構成「酒駕」**。而靠「人力」來前進的腳踏車，則不屬於「動力交通工具」，所以不會有違反不能安全駕駛罪的問題。

那麼問題來囉！如果是電動腳踏車呢？因為是由「電力」所驅動的，自然屬於「動力交通工具」，所以喝得醉茫茫騎電動腳踏車還是有可能構成刑法上的不能安全駕駛罪，是會被抓去關的唷！

酒駕的分類——不一定要被抓去關，但是要繳罰款

除了《刑法》規定以外，《道路交通管理處罰條例》第三十五條也有針對酒後駕車的相關處罰規定。**當一個人酒後開車，如果超過了每公升 0.15 毫克，警察可以當場把你的車移走，並處罰鍰新台幣一萬五～九萬元，且至少吊扣駕照一年喔**！如果車上載著未滿十二歲的兒童或是撞傷人，則吊扣駕照兩年；不幸撞死人了，很抱歉，只能終身吊扣駕照，一輩子不能再開車了。即使吐氣酒測值沒有超過每公升 0.25 毫克，仍然會受到這些處罰，只是不會受到刑法的制裁而已。**如果駕駛人拒絕酒測，可以當場處以新台幣九萬元罰鍰，此外還會吊扣駕照、並施予道安講習**。

前面有提到，喝酒騎腳踏車不會受到刑法處罰，但還是可以依《道路交通管理處罰條例》處以罰鍰。**腳踏車屬於慢車的一種，而酒後駕駛慢車，吐氣酒精濃度超過每公升 0.15 毫克，可以處三百～六百元罰鍰**。所以，雖然現在到處都有 YouBike，但可別以為喝完酒可以去路邊牽一台來代步，不然罰鍰的金額恐怕可以讓你騎上三天三夜！

接受酒測時可以主張的權利

在接受酒測時，受測者也享有法律保障。根據《違反道路交通管理事件統一裁罰基準及處理細則》的相關規定，**受測人可以要求漱口，而且如果喝酒到酒測時未滿十五分鐘，可以要求等待十五分鐘**。當受測者提出這些要求時，實施臨檢的警察不能拒絕。

隨著民意的要求，立法委員們「反映民意」，不斷提高酒駕的罰則。但是，即使罰則不斷提高，酒駕事件仍層出不窮。或許，做為一個法治國家，我們更該思考如何從根本之道防制酒駕的發生，而非只是治標的事後處罰。但即使如此，酒後駕車害人害己，一旦不幸發生意外，將會導致許多家庭破碎，各位讀者們在酒酣耳熱之際，可得收好車鑰匙，別酒駕上路啦！

法律白話文
小學堂

酒駕在《刑法》上叫做「不能安全駕駛」的公共危險罪，在酒測值超過每公升 0.25 毫克、服用酒類、其他相類似物品，或是酒精濃度沒超標但是卻無法好好開車、服用毒品、麻醉藥品或其他類似物品等導致不能安全駕駛時就會構成此罪。

而既然是「不能安全駕駛」罪，那麼如果坐在機車或汽車上發呆睡覺，因為沒有「駕駛動力交通工具」，所以不會構成酒駕；靠「人力」前進的腳踏車，則不屬於動力交通工具，若喝醉騎腳踏車也不會構成本罪，但仍要注意《道路交通安全處罰條例》的相關規定。

接受酒測時，受測者依法可以要求漱口，而且如果喝酒到酒測未達十五分鐘，也可以要求等待十五分鐘，實施臨檢的警察是不能拒絕的喔！

part 2

社會

法條讀不通？刑責搞不懂？社會真的不好走

判決死刑要不要？

蔡孟翰

許多社會案件因媒體報導而受到大眾矚目，相當關心該案的法院判決結果。而若是凶殺案，被告最終沒受到死刑判決，也常招來民眾的批判與憤怒。大家先冷靜冷靜，坐下來喝杯茶，我們來聊聊到底怎樣法官才會判死刑？至於想知道死刑存廢的，闔上書出門跑個步，這篇不會講唷！

因為兩公約，所以法官不判死刑？

不管你喜不喜歡，國際上往往將死刑議題與人權緊密連結，從我國已經批准多項人權公約，顯現我國積極地與國際人權標準接軌，**在我國批准的多項人權公約包括了最「惡名昭彰」的「兩公約」，也就是公民政治權利國際公約（以下簡稱公政公約）、經濟社會文化權利公約**。單純從兩公約來看，**兩公約並未嚴格要**

求締約國要立刻廢除死刑，只不過依照公政公約的規定，締約國必須以廢除死刑為目標努力，有點像健身教練給你的減肥目標是從一百公斤瘦到六十五公斤，教練不會要你每天不吃不喝跑十公里，但自己還是要自我規畫每天應該吃多少、運動多少，以達成目標。

不過，即便已批准公政公約的國家可以保留死刑，公政公約還是規定締約國死刑不可以隨便使用，就像你減肥還是可以喝酒吃肉，只不過在次數和份量上要有所控制。**公政公約對使用死刑設下了嚴格的限制，只有在最嚴重的罪刑，並且透過公平審判時，才可以判處死刑**。所謂「最嚴重的罪刑」，並沒有明指哪種犯罪，不過立法時必須考慮「比例原則」，不可以規定不論什麼大罪小罪，只要犯罪就應該拖出去斬了！必須是像殺人這種很嚴重的罪才可以用死刑處理。畢竟如果今天一個人只偷五百塊就被判了死刑，我們可能會問：「有必要嗎？」

只規定最嚴重的罪刑才可以動用死刑，還可以**避免因為每種罪都一樣重，沒有差距而無法突顯輕重**，損害刑罰的效果。如果強盜殺人判死刑、偷麵包也判死刑、罵人家政治垃圾也判死刑，這時候大家與人結怨當然是選擇幹掉對方，因為罵你垃圾也是死，殺你也是死。而公政公約死刑判決還必須經過公平的法院審判程序，像是被告需要受到妥善的辯護、合法取得自白、詰問證人等妥適的訴訟審判程序。

因為其情可憫，所以法官不判死刑？

目前我國刑法設計通常都是訂一定的刑度範圍，例如殺人罪的範圍是死刑、無期徒刑或十年以上有期徒刑，然後由法官在個案中依個別情況判斷要判特定的被告什麼樣的處罰。或許你會想，為什麼有這必要呢？只要故意殺人就是錯的啊，就應該一命償一命啊！

試想，今天A、B各自砍死了他們的父親：在A的案件中，A是個家境富裕的獨子，全家都視他為小皇帝寵愛，想要什麼就都滿足；A成年後還是在家啃老，有天，A向他父親要一台新跑車，他父親說下個月再買給他，A覺得要等到下個月太久了很生氣，就拿刀砍他父親二十多刀致死。而B女父母離異，她與父親兩人獨居，父親成天不工作，都拿B半工半讀的薪水買酒喝，喝醉還打B、辱罵、甚至性侵。B隱忍多年，成年後有天一樣被父親欺侮到受不了了，趁父親熟睡時拿刀殺了父親。這樣你依然認為A跟B的可惡應該劃上等號嗎？

所以法官在個案上，會依據《刑法》規定的刑度範圍做出選擇，而在這個範圍內衡酌刑度輕重時，也會進一步就犯罪動機、目的、當時所受到的刺激、犯罪手段，以及犯罪者的生活狀況、品行、智識程度跟被害人的關係，犯罪所導致的危險或損害，犯罪後的態度等綜合考量，**如果審酌後被告犯罪的情形顯然可以寬恕，即使判最低度的刑還是太重了，法官可以酌量減輕刑度，給法官在個案中有相當的判斷空間**。

所以不同的當事人如果都犯了殺人罪，但可能被處罰的刑度不一樣，有人被判十年、無期徒刑，有人死刑，原因就在這裡。

因為精神障礙，所以法官不判死刑？

精神障礙者不判死刑這件事就不能怪到兩公約上了，畢竟公政公約對於締約國死刑的限制只有針對未滿十八歲的人，並未包括精神障礙者，精神障礙者不判死刑是依照我國刑法的規定就可以得出的結果。依照《刑法》第十九條，如果行為人在從事犯罪行為時，因精神障礙或其他心智缺陷，達到不能、沒有辦法控制自己、或根本不知道自己在做什麼，針對他的行為完全不會被當作犯罪，根本不用關進監獄（但要不要針對他的狀況送進醫院治療就是另一件事了）。

如果精神障礙的狀況比較不嚴重，只是控制力較差，則還是構成犯罪，只是法官可以衡量病情對病人行為判斷力的影響，來減輕對他處罰的刑度。這個刑罰上的減輕，法官可以自己判斷要不要減輕。由此可知，**其實國內法並沒有規定一個因精神或智能障礙而導致自我控制力較差的人不可以判處死刑。只有當病情已經嚴重到「完全沒有自我控制力」，就不可以給予處罰。**

不過近年來我國最高法院許多對於精神及智能障礙者的犯罪所下的判決，有參酌一九八四年聯合國經濟及社會理事會（The UN Economic and Social Council, ECOSOC）公布的《保障死刑犯人權保證條款》（Safeguards Guaranteeing Protection of the Rights of Those Facing the Death Penalty），以及聯合國人權事務委員會（UN Commission on Human Rights, UNCHR）二〇〇五年《關於死刑的問題》（The Question of the Death Penalty）決議，不對精神或智能障礙者判處、執行死刑。上述的兩個國際決議雖然展現了國際趨勢，但是**對我國並沒有法律拘束力，因此法院可以自行決定要不要依循這樣的標準**，若法院最終還是對精神及智能低落者判處死刑，仍然不能說判決違反國際法。

判死刑跟立即槍決是兩件事！

應該注意的是，法院判處死刑跟死刑被執行是兩件事喔。因為**並不是每個人都適合馬上被執行死刑**，如《刑事訴訟法》便規定不可以對懷胎婦女執行死刑；當判完死刑後，被告在心神喪失當中，也應該停止執行。而法院在判處被告死刑之後，死刑什麼時候才會執行呢？**一般刑罰在法院判決確定之後，原則上應該由檢察官指揮執行；但依照《刑事訴訟法》的規定，死刑必須經司法行政最高機關，也就是法務部部長令准才可以執行**。所以說法院判了死刑後，還是必須經過法務部准予執行死刑犯才會被槍斃，這也是近期法務部部長對於執行死刑會產生爭議的原因。

法律白話文
小學堂

我國在批准了兩公約之後，代表了我國想要邁向人權國家的覺醒。無關死刑存廢的討論，在現行我國仍存在死刑制度的架構上，法官對於是否判決被告死刑，需要考量非常多的因素，包含是不是有判決死刑的必要、或是犯罪動機、被告的精神狀況等。而「判決死刑」與「執行死刑」更是兩件不同的事，法律並沒有規定什麼時候要執行死刑，況且，也不是每個人都適合馬上被執行死刑的喔！

為了保護家人失手殺死竊賊而被判刑，這一定是恐龍法官！

江鎬佑

二〇一四年十月在士林發生了一個悲劇，媒體跟判決的故事是這樣子的：老公帶著懷孕的老婆回到家後，聽到屋內有聲響，在浴室發現入屋竊物的男子，有武術基礎的老公為了保護老婆，與該名男子在浴室打鬥，並囑咐妻子報警。警察到場後，發現該名男子面目慘黑，便呼叫救護車，送醫後男子不治。

檢察官以過失致死罪起訴後，士林地院及台灣高等法院也陸續做出有期徒刑可易科罰金及緩刑的判決，引起輿論譁然，有人覺得又是司法恐龍，或是嗚呼台灣法律讓人不敢行使正當防衛。究竟台灣法律是怎麼評價正當防衛跟緊急避難行為呢？台灣的正當防衛跟緊急避難規定真的一無是處？法官做出的判決真的如此恐龍嗎？

正當防衛與緊急避難

並不是所有造成別人生命、身體、財產等權益受損害的行為，都會被認為是好壞壞的違法行為，當「**為了避免別人違法行為**，造成自己或其他人**即將**受到權益侵害」時，就可以主張「正當防衛」；或**是因為情況緊急為了避免自己或他人的權益受損時**，則可以主張「緊急避難」。當符合這兩種情況時，原本應該被評價成違法侵害別人權利的行為，就會像橡皮擦擦過的鉛筆筆跡，被一筆勾銷，不會被評價成違法行為。

舉例來說，當今天大師兄拿刀要砍你，你一個箭步閃過刀鋒，使出陰陽鷹爪手，將大師兄摔倒在地，造成大師兄手腳多處挫傷。今天你使出的陰陽鷹爪手的確造成大師兄受傷，但是你造成他身體健康的損害，是**為了避免大師兄當下拿刀砍你**所造成的，此時依照「正當防衛」，你所做的攻擊行為就可以被一筆勾銷。

又如今天你和大師兄一起去花蓮玩耍，忽有大石頭落下，你為了避免大師兄被落石擊中，便使出仙人指路，將大師兄推去撞壁，不料用力過猛，造成大師兄右臂骨折。今天你讓大師兄骨折是因為事態緊急，如果不讓大師兄斷手，大師兄就得嗝屁了。此時依照「緊急避難」，仙人指路所造成的右手骨折就可以被一筆勾銷。

正當與過當的差距

然而**行為如果太 OVER** 或是**情況已經沒那麼緊急了，還是繼續實施原本為了避免違法或緊急情況的行為**，就不屬於「正當防衛」或「緊急避難」，而屬於「過當防衛」或「過當避難」。在「**過當防衛**」或「**過當避難**」的情況，當事人所造成的權益侵害並不能一筆勾銷，只能視他 OVER 的程度或是忽視現場狀況的情況來評價。如果有點 OVER 但是還在可以接受的範圍內，法院在刑罰評價上可以減輕或免除他的刑罰。

舉例來說，今天如果有一嬌小弱女子，朝一個一百八十五公分的男子揮拳，男子為了避免自己受傷，不是擋下或抓住女子的手，而是拿起旁邊的玻璃瓶朝女子頭上砸去；或是今天救護車駕駛為了讓車上的孕婦可以順利抵達醫院，經過路口不分青紅燈是還好，但是踩足油門撞飛在十字路口的機車駕駛……

以上所舉的例子都是屬於過當的防衛或避難行為。而**判斷所實施的防衛行為或是避難行為是否過當，並不是死板板的認定，須依憑就事證所顯示的當時客觀情狀為判斷**，如當揮拳攻擊你的女子其實是武功高手，為了避免你自己被打死，你可能真的拿玻璃瓶砸暈她先。

法官在判決中說了些什麼？

在此案件的判決中，法院認為按成年人的一般生活經驗，應該都知道如果徒手對戴有口罩的人施力推壓左臉，並以右手反向緊拉衣領，在持續拉緊衣領下，極易造成對方無法呼吸，發生死亡之結果；而依屋主的證詞，屋主也的確知道持續拉住衣領可能造成張嫌窒息，而在當時他也有發現張嫌已有喘不過氣、臉色蒼白、手部發抖等情形，而認為屋主對於張嫌死亡結果有過失，應論以過失致死罪。

但是考量到屋主跟懷孕妻子剛返回家中，就突然遭遇躲藏家中的竊賊對其揮拳攻擊，況且依據法醫研究所的報告，張嫌身高一七二公分、身材精壯，當時屋主也無法知道張嫌是否攜有兇器，一旦逃脫，極可能對懷孕妻子造成威脅。雖然妻子在警詢中表示，當時曾聽到竊嫌說「我只是來偷東西，不會傷害你們」等語，都不妨礙屋主在此危急情形下，有必要採取與張嫌扭打並徒手緊拉其衣領，將其壓制在地的防衛手段。只是**屋主所實施的防衛手段，最終導致張嫌死亡之結果，已經超越防衛行為的必要程度，屬於防衛過當，而非正當防衛**。

法院基於屋主是為了排除自己及家人之生命、財產遭受侵害及威脅，以徒手推壓張嫌之臉部並緊拉衣領方式壓制張嫌，造成張嫌死亡的結果，處有期徒刑三個月，可易科罰金，緩刑兩年的判決。

另外，雖然法官在判決中沒有寫，但是從判決中對屋主一連串的防衛行為的闡述，我們或許可以將連續且緊密的防衛行為，拆成下列兩個層次去理解，比較能明白法院作此判決的原因。

在屋主將張嫌壓制在地，而張嫌持續掙扎時，這時候屋主雖然對於他的行為會造成張嫌身體傷害都有所認識，但是這些壓制的行為除了維護自己與家人的危險，也是為了排除張嫌違法進入房中及竊取財物的侵害，所以這個部分都屬於正當防衛，不能論以傷害以及傷害致死等罪。

而當屋主可以認識到張嫌沒有再掙扎、或沒有攻擊能力，此時情況已經沒有如此緊急時，屋主持續實施前一個階段的延續防衛行為沒有停手，造成了張嫌死亡的結果，檢察官及法院就過失致死罪的起訴及判決，則是對於一連串防衛行為所造成的死亡結果做評價。在這個層次，屋主「防衛過當」造成張嫌死亡的結果，主觀上有過失，所以科以過失致死的罪刑。

法院自然知道，為了保護自己、家人或現場情況緊急下，難免因為出於害怕、緊張或激動導致所做的防衛手段失手，或下手過重，所以**縱然無法適用「正當防衛」完全一筆勾銷，仍論以「防衛過當」減免罪刑**。在地院和高等法院兩次的判決量刑上，法官分別科予易科罰金的三個月與兩個月的有期徒刑，並科予緩刑兩年的宣告。這樣的判決並非在苛責屋主為了保護家人而實施防衛行為，也非使社會認知在看到這個個案後憚於行使防衛行為，只是就屋主可以注意到張嫌即將死亡，卻沒有注意到的其下手過重所作的評價。

其實每個人都不是多啦A夢，沒辦法坐著時光機回到過去，知道當時防衛的時候有多緊張，擔心自己妻兒的心有多害怕，在這樣的情形下，法官只能在依照法律的情況下做出判決。對於這樣的判決也許和大家瞬間的反射思考不太一樣，但是希望大家看完這篇文章後，可以知道法律要求的合法正當防衛，也可以體會法官在判斷上的難處。

法律白話文 小學堂

並不是所有造成別人生命、身體、財產等權益受到損害的行為，都會被認為是違法行為。為了避免別人的違法行為，造成自己或其他人「即將」受到權益侵害時，就可以主張「正當防衛」；或是因為情況緊急，為了避免自己或是他人權益受損時，則可以主張「緊急避難」。前者例如遭人攻擊而回擊，後者如發生火災為救人而打破窗戶。

要注意的是，若行為太超過或是情況已經沒那麼緊急了，還是繼續實施原本為了避免違法或緊急情況的行為，就不屬於「正當防衛」或「緊急避難」，而屬於「過當防衛」或「過當避難」。

為什麼重刑犯好像都關一下就放出來？

江鎬佑

酒駕肇事害死三條人命的「葉少爺」在被判處有期徒刑六年，一〇四年十二月十八日符合外役監選資格，獲准移入明德外役監，服役期間表現良好獲准假釋，於一〇五年十二月三十日獲釋返回高雄，到底蝦米係假釋呢？

什麼是假釋？

假釋是刑事政策上**允許受刑人在監獄裡面乖乖地被關滿一陣子後，在答應遵守相關要求下，可以不用在監獄裡面待好待滿，就先回到社會上過活**。

之所以讓受刑人有限度地回復自由身，除了考量他在監獄裡頭既然長時間都乖乖的了，顯然透過刑罰讓犯罪者循規蹈矩的目的已經達成，再關沒有意義之外，讓受刑人早點回到社會生活，也有助於其適應。

透過給予在監的受刑人假釋的誘因，不僅可以給受刑人自由，也可以藉此有效調節在監人數跟獄中的管理。以台灣為例，透過假釋的出獄者，佔了每年出獄人口中相當大的比例。而犯罪人並不是放出去就可以為所欲為，在外生活期間，如果再次犯罪或是違反遵守的條件時，這樣的暫時釋放就會被撤銷，犯罪人必須再回到監獄裡，服完剩下的刑期。

按照《刑法》的規定，並**不是所有受刑人都可以聲請假釋，只有受無期徒刑跟有期徒刑的人才可以假釋，死刑犯並不可以假釋**。再來，考量到有期徒刑之所以用拘束人身自由活動的方式實施刑罰，理由不外乎要讓受刑人體會「自由誠可貴」，期待受刑人因為人身被拘束後不能自在活動，可以好好悔悟。當有期徒刑執行不到六個月的時間或是只被處罰拘役的人，因為只有「沾醬油一下」，當然不夠受刑人好好悔悟一番，所以「**關太短**」**的人不可以假釋**。當然，也不可以聲請假釋。

第三種不能假釋的類型是「**人壞擱講不聽**」，雖然我們知道犯人會再犯未必完全是自己的因素，但是人終究還是要為自己的行為負責。當犯最輕本刑五年以上的重罪累犯，在假釋期間或是關完後的五年內，又再犯了最輕本刑五年以上的罪，也不能再假釋。

第四種不能假釋的則是「**可能再犯型**」，當性侵害犯罪的受刑人，在獄中接受輔導或治療，經過鑑定、評估還是很有可能再犯的話，為了大眾對於社會安全保障的考量，也得把他關好關滿、治好治滿。

判十年可以關個兩、三年就好？

當不是上面四種類型的情況，就屬於可以聲請假釋的人，這些人在滿足「**關滿一定時間**」＋「**誠心誠意悔悟**」兩個要件時就可以成功獲得假釋。

不同刑期的受刑人「**關滿一定時間**」的標準不一樣，如果是無期徒刑的話要關超過二十五年，有期徒刑的話就是要超過刑期的二分之一、累犯的話就是要超過刑期三分之二。

而怎樣算是「誠心誠意悔悟」呢？首先，依照服刑期間的不同，分成十三個不同的類別，每一個類別都分成四個級別，每個類別中不同的級別都有必須達到的「**責任分數**」。簡單來說，刑期跟級別越高所須達到的「責任分數」就越高。

分數則源自於受刑人在監獄中的表現，分為教化、**作業**、**操行三種分數**，每個月各種類型最多可以拿四分，而在現場負責打分數的分別是教誨師、作業導師、監房及工場主管。

此外，為了要讓好壞壞的累犯可以一直待在監獄不要再出來危害社會，所以**累犯**在監獄中要獲得分數依照各級別，增加三**分之一**。

在要件符合的情況下而提出申請後，還需要經過「假釋審查委員會」決議，報請法務部核准後，受刑人才可以假釋出獄。這意味著，達成分數並非獲得假釋，而僅是「取得申請假釋的機會」。

而假釋委員會的成員組成並不是僅有監獄裡頭的長官，如典獄長、教化科長、戒護科長，還會根據案件類型不同，找尋心理、教育、法律相關等不同專業人士共同做假釋評估，而審酌內容將包括犯行情節、犯後表現、再犯風險三個面向。

假釋在外＝可以為所欲為？

申請假釋成功離開監獄的人，並不是就沒事，如果不乖乖的話假釋就會被撤銷，**在假釋後會執行「保護管束」**，**要求遵守一定的事項**。當受保護管束人有嚴重不遵守的情況時，便會撤銷他的假釋讓他再回到監獄。

以假釋的性侵害犯為例，當經過監所評估再犯可能性顯著降低，成功離開被拘禁的監獄後，並不是就放他自由趴趴走，如果經過性侵害犯罪的主管機關評估還是有治療輔導的必要時，便會通知地方法院的檢察署要求該假釋的性侵害犯必須按時接受輔導及治療；如果沒有確實履行的話，性侵害防治中心將會通報地方法院檢察署，情況重大的話就會撤銷假釋。

另外，如果**在假釋期間故意犯其他罪，而被判了有期徒刑以上的刑罰，在判決確定後六個月內，假釋便會被撤銷**。

看點數據想想假釋是再生還是縱放？

近十年受刑人聲請假釋的人數近三十萬人，而得以通過假釋委員會，成功以假釋方式出獄的人數約十萬人，這意味著爬完天梯的受刑人，在假釋委員會那關還是有三分之二的人被打槍。而獲得假釋後因為好壞壞，導致假釋被取消的人數則約一萬五千人。對受刑人來說是再生的假釋制度，這樣的打槍比例如同在天梯之上又加上一塊鐵板；然而當一百個假釋的人有約十五個人會違反規定而被撤銷假釋的比例，對社會大眾來說不僅徒增恐懼，更使假釋成為縱放的代名詞。這把天秤要怎樣擺上恰如其分的砝碼，都值得人們慎思再三！

法律白話文
小學堂

假釋是在刑事政策上允許受刑人在監獄裡被關滿一陣子之後，在答應遵守相關要求下，可以提前回到社會上，不須在監獄裡待到刑期結束。

而並不是所有受刑人都可以聲請假釋，只有受無期徒刑和有期徒刑的人才有資格，死刑犯並不可以假釋。另外，有期徒刑執行不到六個月或是被處罰拘役的人，因為「關太短」不可以假釋。如果犯了最輕本刑五年以上的重罪累犯，在「假釋期間」或是「關完後」的五年內，又犯了最輕本刑五年以上的罪，也不能再假釋。還有一種是「可能再犯型」，為了社會安全考量，也不能夠假釋。

假釋在外的受刑人並不能夠為所欲為，他們必須受到「保護管束」，就算假釋在外也要「表現良好」，否則假釋可能會被撤銷並重新回到監獄過生活！

投案等於自首嗎？

潘宏朋

在日常生活中，我們時常從電視新聞頻道上看到各家媒體報導的新聞結果不太相同，例如：某一家新聞媒體報導，×××因為跟○○○發生財務糾紛等因此痛下殺手，隔日×××因為心生悔悟決定向警方自首，以撫平自己良心上的譴責。而另一家新聞媒體則報導×××是投案，投案跟自首聽起來很像，兩個都一樣嗎？

自首良機只有一次，錯過就再也得不到了

在自己所犯下的罪刑還未被發現前，**主動向警方或是偵查機關承認犯行，並表示願意接受審判**，**就算是自首**。對於這樣知錯能改的行為，立法者決定給他一個鼓勵，如果法官考慮後覺得這個自首來得恰到好處，不拖泥帶水就可以減輕犯罪人的刑罰。須注意的是，儘管被告符合自首要件，而法官在審判時必須將被告有自首納入量刑的考量之內，然而，**法官對於自首案件並沒有一定要給被告減刑**

的義務，當然也不會因為自首就不用負擔刑事責任。

此外，並不是所有去跟偵查機關說我有犯罪的行為都可以算是自首，自首必須是自己所犯下的罪刑**還沒有被警方或是偵查機關發現前，主動向他們進行承認**才算喔！如果警方或是偵查機關老早就知道你犯罪的事實，或是已經鎖定你是特定嫌疑人開始調查了，就不符合自首的條件，此時向警方或是偵查機關告知自己的犯行，就會變成**投案！**

但如果此時警方或偵查機關鎖定的嫌疑人並非小王，但該犯罪確實是由小王所做，此時小王的行為則屬於自首，因為對整起犯罪事件，小王是在警方或偵查機關未發覺是他所為之前，主動告知犯行且願意接受裁判，才是符合自首條件。

自首跟告白一樣不一定要面對面說，但要真心誠意

跟告白一樣，**行為人的自首沒有特別的形式，不一定要由自己主動告知警方**

或偵查機關，透過其他人代為轉述、託他人代理自首或向非偵查機關請求其轉送並將自己具備投案的意思傳達於偵查機關（例如向政府陳情）、或是用書面的方式也是可以的。因為方式不是最重要的，最重要的是真心誠意。

自首的人必須自身具備意願接受司法審判，**明確表示願意接受司法裁決**。如果於犯罪後，僅向被害人或非有偵查犯罪職務之公務員陳述自己犯罪之事實，而不願意接受裁判就與自首的條件不符。此時，這個自行主動投案陳述的犯罪事實，只能當作自白，作為往後司法審判上的證據參考，並不會發生自首減刑的效力。就像你跟愛人說我喜歡你，但是沒有要在一起一樣，是不會發生交往的效力的。

投案和自首的要件與效果都不一樣！

知道怎樣才算是「正確的自首」後，我們可以分辨投案和自首是不一樣的，從要件上來分別，**投案跟自首最主要的差異**，**在於犯罪嫌疑人是否已經被警方或偵查機關掌握**，如果犯罪者的犯行已經被警方或偵查機關得知，這時候犯罪者如果跑去說：「我就是兇手，兇手就是偶！」這樣的行為則是屬於投案。

如果只是投案，**在台灣對於投案並沒有給予如同自首一樣的減輕事由**，法官最多可以考量個案，覺得也算是犯後態度良好的表現，減輕一點刑罰；但如果是自首的話，因為是法定事由，法官就一定得審酌，在符合自首條件後，可予以減輕刑罰。自首的存在並不是鼓勵大家積極犯罪後再去自首來獲得減輕事由，而是為了給犯罪者一個改過自新的機會。知錯能改，善莫大焉，自首跟主動投案，雖然都算是一種知錯的舉措，但在法律上卻有不一樣的評價，奉勸大家歹路毋通行。

法律白話文小學堂

自首是當犯罪後，罪刑「還未被發現前」，「主動」向警方或是偵查機關承認犯行，並表示願意接受審判。立法者為了鼓勵犯罪者知錯能改，以及使司法機關能夠因為自首利於案件的「發現真實」，法院在量刑時可以考慮給被告減刑。

應注意的是，必須主動承認犯行才算自首，若偵察機關或是警察已經發現了犯罪事實，甚至是已進入偵查階段，就不符合自首要件，此時向相關機關告知犯行不算自首，而是投案！

一而再、再而三地犯罪就是累犯嗎？

全宥縢

鄉土劇裡總有幾個十惡不赦的大壞人，就像打不死的蟑螂一樣，不管坐了幾次牢，都不會改邪歸正，反倒變本加厲去報復自己的仇人，因此在坐牢與出獄之間反反覆覆。像這樣子作惡多端的壞人，不僅不知悔改，反而一而再、再而三地犯罪，所以為了懲罰他的惡行，刑法特別設了「累犯」的規定，給予這樣的壞人更重的刑罰。

多久以內再犯算是累犯？

並不是所有坐過牢再犯罪的人，或只要犯過罪再犯罪的人就是「累犯」。依照中華民國的《刑法》，**累犯指的是曾經受到「徒刑」刑罰執行的行為人，於釋放後五年內，再故意犯有期徒刑的罪**，才會構成累犯，法官也才可以認定行為人是累犯，而加重他的刑罰。

我國刑罰可以分為死刑、無期徒刑、有期徒刑、拘役、罰金等等。而累犯中的行為人必須先集滿**無期徒刑**或**有期徒刑**的執行，這個執行指的不一定都是抓進去監獄關，有時候法院認為判處有期徒刑六個月以下時，因為關的時間太短了，關進去好像只會把小壞蛋變大壞蛋，於是法院最後可能會判這個行為人可以繳納罰金的方式取代原本應該服的刑期。在這樣的情況下，因為一開始就是宣判有期徒刑，所以繳完罰金後也算曾經受過徒刑的執行，還是有機會成立累犯。

當受過有期徒刑執行的人，在刑期**執行完畢後**，**或者執行一部分就被赦免的五年內**犯罪，就集滿了累犯的第二個條件。這個條件不僅是要在刑期執行完畢後，還要在五年內犯罪，如果行為人在被關完放出來後已經超過五年才犯罪，自然不會構成累犯。

哪一類的犯罪會被視為累犯？

具備了前面兩個要件以後，行為人只要蒐集了**故意**再為**法定刑為有期徒刑以**

上的犯罪，就可以構成累犯了。這裡所謂的法定刑指的是《刑法》明文規定的刑罰內容。像是刑法關於重傷罪的刑罰是規定**處五年以上、十二年以下有期徒刑**，這個五年以上十二年以下有期徒刑，就是所謂的「**法定刑**」。如果最後法官斟酌後，決定判被告坐八年的牢，這個由法官最後宣判的八年刑期，則是所謂的宣告刑。

即使已經具備前面兩個要件，故意再犯的犯罪也一定要是法定刑有期徒刑以上的犯罪，如果行為人是因為過失行為而犯罪，或是再犯的罪只會科以罰金或拘役，像是妨礙投票祕密罪（也就是在無記名投票的情況下，故意刺探別人投票的內容），那麼也不可能會成立累犯。

所以，只有在上面三個要件都具備時，行為人再犯罪才會被法院認定為「累犯」。最後，用下面的例子來考考大家：

小嶸從小就以欺負人為樂，沒想到長大後非但沒有改掉這個壞習慣，反倒變本加厲經常傷害別人，因此被判傷害罪，並且判決處兩年有期徒刑。在坐牢的這兩年，小嶸開始反省自己，決定出獄後要重新做人，並學習魔術帶給大眾歡樂。

小嶸服完兩年刑期出獄後，即以自己在牢中學到的魔術在街頭賣藝，然而沒想到因為技巧尚未成熟，不小心讓客人受傷了，被法院判過失傷害罪。請問這時候小嶸會適用累犯加重嗎？

答案是不會的！因為小嶸並不是故意為犯罪行為的，所以並不是刑法中所謂的累犯。但是，假設小嶸今天看到因為自己坐牢而劈腿的女友，突然心生恨意，故意在魔術的過程中傷害前女友，並因此被判傷害罪，那麼小嶸再為犯罪的行為，即為累犯。再簡單一點，**出獄後五年內只要再有犯罪行為，都是累犯**。

法律白話文
小學堂

曾受徒刑的執行＋在徒刑執行完畢或赦免後五年內＋故意再犯法定刑有期徒刑以上的罪＝累犯

當我們一而再、再而三的犯錯時，常被形容成累犯。然而，如同前面說的，真正在刑法上構成累犯的有其特殊之要件，只有三個要件同時具備，才是刑法上的累犯，法院才會因此加重刑期。所以，如果你以後又因為犯了相同的錯而被說是累犯，不妨用上面的那個公式來檢查看看自己是不是真的「累犯」吧！

被吃案？破解偵字號和他字號的神祕意義

楊貴智

某些名人涉嫌犯罪的案件曝光後，我們常看到案件若被檢察官列為「他」字案，往往會被質疑「吃案」；但如果檢察官之後改列「偵」字案，也會引起另一陣風波。平平都是檢察官辦案，到底這個偵字、他字有什麼神祕意義呢？

分辨「偵」字案與「他」字案

按照《刑事訴訟法》，當地檢署接獲民眾告發、被害人提出告訴或是看報紙發現可能有特定人士從事犯罪行為，就必須分案進行偵查。為了便於管理案件進度並歸檔，每個案件都會獲得一組「案號」，格式是〇〇年×字第△△△號。例如：一〇六年偵字第一號、一〇六年他字第二號。案件會依據不同類型而分到不同的「字」之下。現行檢察機關的做法是：**如果犯罪嫌疑人及犯罪事實明確，就**

會分到「偵」字案進行偵查；**若兇手和犯罪事實都還不明確，則會將案件分到「他」字案進行偵查**。

偵查結束後，證據如果足以認定被告有犯罪嫌疑，檢察官應將被告提起公訴、緩起訴。如果被告在偵查中認罪，檢察官也可以向法院聲請簡易判決處刑。如果檢察官認為查無不法事證，則應將調查結果做成不起訴處分，並將書狀寄給被告及告訴人等相關當事人，以還被告清白。

不過以上所說的情況，都只適用在「偵字案」。他字案的案件在偵查結束後，如果檢察官認為查無不法事證，不需做成不起訴處分，當符合匿名告發、告發內容空泛、是重複告發或申告、事實跟犯罪無關或顯然是對公務員的挾怨報復等情況，而且沒有辦法鎖定特定嫌疑人時，只需在檢察署內部辦理行政簽結即可。

他字案的必要之惡

將案件區分為偵字案與他字案的設計，**本來的目的在於過濾掉濫訴或是顯然**

無理由的案件，好讓檢察官們能專心在更重要、更具體明確的案件上。但由於《刑事訴訟法》其實並沒有他字案可以透過行政簽結了事的明文規定，無形中也可能影響人民受到《刑事訴訟法》保障的權利，**更存有讓案件「大事化小、小事化無」的灰色空間**，因此他字案制度飽受批評。

對告訴人（通常是被害人）來說，在收到不起訴處分書後，如果不滿意檢察官調查的結果，可以在一週內提出「再議」，請求上級檢察官檢視偵查案件辦理的情況是否存有瑕疵，如果確實有調查不完備之處，上級檢察官可以將案件發回地檢署重新開始偵查。**由於他字案只是行政簽結，因此告訴人沒有請求再議的機會**。

另一方面，獲得不起訴處分往往是還被告清白的關鍵方式，除非發現新事實或新證據者，否則檢察官不能再就相同案件重新起訴。但由於他字案只是行政簽結，在法律上的意義只是「**暫時查不到犯罪具體事證，就先擺著留待日後再說吧**」，變成案件無限期延宕，永遠不知道什麼時候會結束。

在現行的實務做法中即便是他字案，也會將傳喚對象區分為被告以及證人，而使其得以適用被告及證人的權利規定，但若檢察官以「犯罪嫌疑人不明」為由，將案件分為「他」字案，進而將犯罪嫌疑人以關係人身分通知到案應訊時，恐導致犯罪嫌疑人無法主張證人的「拒絕證言權」以及被告的緘默權、律師在場權，甚至到起訴前才突然變更其身分為被告，使其未能享有被告應受的程序保障權益。

如果檢察官把我抓去問話，我可以主張哪些權利來保護自己？

首先是**不自證己罪權**，依據《刑事訴訟法》第一八一條規定，證人恐因陳述導致自己或親戚受刑事追訴或處罰者，得拒絕證言。第九十五條及第一五六條則規定被告可保持緘默。再來是律師在場權，如果是被告，可以要求律師在偵查時陪同在場，但證人得否主張這項權利，仍有爭議。

至於律師在場陪同，被告能獲得那些保障呢？由於律師受過專業的法律訓練，可以**隨時提醒被告相關權利，並針對不妥當的問題提出異議等方式維護被告權益**。除此之外，律師可以**協助被告閱覽筆錄內容**，以確保筆錄記載事項與剛才被告說的意思相符，若有錯誤可立即要求修改。

由於**偵查不公開**，因此訊問結束後，被告無從取得筆錄，**若有律師陪同，律師就能夠做筆記記錄當次訊問的問答重點，以便準備後續辯護策略**。《刑事訴訟法》第二四五條第二項也規定了律師有陳述意見的權利。不過要注意的是，檢察官提出的問題，只能由被告自己回答，被告不可以要求由律師利用陳述意見權代為答覆。

如果自己是以關係人名義受通知出庭，由於法律沒有跟關係人有關的任何規定，因此可說是毫無權利保障，但是也因此不像證人或被告，會因為無故不到庭而遭到拘提。若擔心的話，可以先向律師諮詢並請律師一同前往，如果檢察官當庭將自己的身分轉為被告，就能立刻要求律師在場陪同。

法律白話文
小學堂

偵字案和他字案的區別：檢察官若認為犯罪嫌疑人及犯罪事實已經明確，就會將案件分到「偵」字案進行偵查；而兇手和犯罪事實都還不明確，則會將案件分到「他」字案進行偵查。

案件分入偵字案後，偵查即開始進行。若偵查結束，檢察官可以針對偵辦的結果決定起訴、不起訴或是緩起訴，而相關當事人可以針對檢察官的決定請求再議；反之，若是他字案，則當事人無法獲得《刑事訴訟法》所保障的當事人相關權利，而且也因行政簽結的意義是「暫時查不到犯罪具體事證，就先擺著留待日後再說吧」，使案件呈現懸而未決的狀態，檢察官也可以隨時開啟偵查程序，使犯罪嫌疑人處在不安的狀態。

你以為法條上規定的就是你以為的法條

江鎬佑

二〇一五年八月桃園地檢署就「阿帕契案」全案偵結為不起訴處分，發言人不起訴處分一出口，一句×聲脫口而出，眾網友群起撻伐，有恭喜發財者，有揪團參觀者，然而這一切的一切，其實關鍵在於「空白刑法」的概念。

什麼是空白刑法？

所謂的「空白刑法」是**指原本應該清清楚楚訂立好條文內容的立法機關，在條文中留下一些空白或是有解釋空間的地方，由立法機關授權給行政機關作補充**。畢竟如果所有事情都要立法院訂立法律，除了要考量立法者專業力及資源的不足外，也要思考能不能應付這個運轉得越來越快的世界。

舉例來說，在充滿流行疫病的現今社會中，我們無法期待立法機關將每一種要預防的傳染病或人民應該要遵守的預防方式都寫明於法條的規範之中，除了該法條可能變得落落長以外，也無法期待立法機關迅速因應流行病學而做出對應的法律。然而，若將此事授權給主管的行政機關，因為相關事務本來就由相關機關所管理，他們不僅可對此即時做出相關內容之制定，並在執行時直接讓要遵守這些規定的人知道這些規範。

因為立法者專業上的不足及與時俱進的需求，將法條規範的內容授權給行政機關這樣的空白刑法規範似乎是現代社會立法之必須，然而這樣的「必要之惡」並非毫無限制，**在適用上還是要受到罪刑法定主義的限制**。

蛤!?罪刑法定主義？

所謂的「罪刑法定主義」，是西方文明在走過啟蒙時代後認為以前在封建時期將法律、宗教、道德全部混在一起的方式，常常造成人民因為身分、信仰受到刑罰，甚或成為鞏固王權的犧牲者。基於避免國家三不五時羅織罪名來處罰人民，也為了讓人民可以知道他在社會上走跳會受到的規範，「罪刑法定主義」就這樣產生了。

「罪刑法定主義」主要有兩個原則：一個是「**法律主義**」，另一個是「**事後法禁止**」。

所謂的「法律主義」是**指那個要處罰人的刑事法律必須要是經過立法機關訂定的**「**法律**」，換句話說今天我們要讓一個行為受到刑事的處罰，必須透過立法機關在立法院提案修法，而這樣的做法在民主社會中代表的是，今天所有的刑法規範跟相關法典所形塑的法秩序，就是透過人民選出的代議士所提出來訂定的。

其次是「**絕對不定期刑禁止原則**」。

這個原則說的是，今天刑法所規定的處罰**不能給一個不確定的期間**，比如說我們不能規定今天偷東西的人就關到他不會再偷東西為止，今天犯了公然侮辱罪的人，我們就關到他不會再侮辱別人為止。若我們允許這樣的刑罰，那麼就算我們知道怎樣的行為會被處罰，但是對於將會受到怎樣的刑罰卻無法預知。

我們也常常看到刑法的規定中都有一個「刑罰期間」，如《刑法》第一六〇條規定：

> 意圖侮辱中華民國，而公然損壞、除去或污辱中華民國之國徽、國旗者，處一年以下有期徒刑、拘役或三百元以下罰金。意圖侮辱創立中華民國之孫先生，而公然損壞、除去或污辱其遺像者亦同。

也就是當你吐了孫中山遺像口水，你將面臨一年以下有期徒刑。耶？奇怪！那我還是不知道我會被關多久呀！沒錯，為了讓法官保有裁量空間，只要種類跟方式預先用法律規定就可以了，至於個別的宣告刑，只要在法律規定的範圍內即可。

第三個因「法律主義」所延伸的概念是「**類推適用禁止原則**」。

所謂的類推適用是指在相類似的情形下，做一樣的處理。這樣的概念通常是用在法律規範有漏洞的時候，它的好處也在於就算法律沒規定，在差不多的情況也可以利用這樣的解釋方式，讓適用法律的人得到相同的處理。比如說有些法規沒有規定什麼期間內可以跟對方請求賠償，那麼就可以適用一下其他法律中類似的規定，如《民法》中關於期間的規定。

除了「法律主義」以外，另外一個罪刑法定主義所生的概念就是「**事後法禁止主義**」，也叫做「**溯及既往禁止**」。

意思是在罪刑法定主義下，**如果行為當時刑法沒有規定就不可以處罰，即便行為後訂定了法律也不可以追溯前面的行為**。以人神共憤的酒醉駕車為例，直到民國八十八年以前並沒有在《刑法》中規範，所以即便在民國八十八年《刑法》規定可以對酒醉駕車的人予以處罰，我們並不能回去處罰在八十八年以前酒醉開車的人。若我們允許事後訂定的法律可以處罰先前的行為，那麼當初為了避免人民三不五時突然被抓去關而衍生出的「罪刑法定」概念就毫無意義了，因為你永遠不知道下一個十年的人民會認為怎樣的行為算是犯罪，應該透過立法過程加以處罰。

要塞堡壘地帶誰說了算？

那麼在「阿帕契事件」中，最重要的爭議點莫過於該軍用機場是不是屬於《要塞堡壘地帶法》中的要塞堡壘地帶？因為按照《要塞堡壘地帶法》的規定，如果進入的第六〇一旅駐地屬於要塞堡壘，那麼任意拍照的行為就違反了本條之規定；反之若不是要塞堡壘地帶，那麼拍照的行為，就尚未觸及該法。按照該法之規定，「**適用本法之要塞**、**堡壘**，**由國防部以命令定之**。」

換句話說，一個地方到底算不算是要塞堡壘是國防部說了算，而這樣的立法方式也就是立法機關於立法中將何處為要塞、堡壘一事授權給國防部決定，畢竟整座台灣島哪裡屬於國防要塞堡壘，哪裡有資格成為不可洩漏之軍事禁地國防部最清楚，而這樣的規定也因應國防部對於實務運作的需求。

但誠如前面所述，這樣的「**空白刑法**」**還是要受到**「**罪刑法定主義**」**的限制**，今天如果國防部在貴婦團進去逛大街前，就曾經公布該六〇一旅駐地是要塞堡壘地帶，那麼進去逛大街的行為當然就觸犯了該法；如果沒有的話，我們也不能因為貴婦團事後的「自目打卡」、「不以為意」就認為她們因此觸犯了而需加以處罰。

法律白話文 小學堂

罪刑法定主義來自於避免過去二戰期間納粹統治德國的景象再現，希望透過由民意組成的立法機關，透過嚴謹的立法程序來訂定或是授權行政機關訂定限制人民權利的規範。

而即便是立法機關將規定的部分內容授權給行政機關，也不因此而得以揚棄罪刑法定主義。至於像阿帕契這樣的個案，我們要思考的其實並不是對於這樣荒唐的軍紀事件沒被起訴甚或施予刑罰，我們要思考的是現在的制度，行政機關是否有妥善地、適時地回應立法者給予的空間，跟承擔起這樣的責任？比如說，國防部是不是有定期、明確檢視哪裡是要塞、堡壘？而這樣的定期檢視是不是可禁檢驗呢？

台灣法院百百間，你說得出有哪些嗎？

吳玟嶸

現代人若是發生紛爭，經常會說：「我們法院見！」但是法院那麼多間，我們到底要在哪一間法院見呢？

台灣到底有幾間法院？

大家應該有聽過地方法院、高等法院等用語，也大概知道台灣採三級三審制，第一級是地方法院，再來是高等法院，第三級則是最高法院，那你知道台灣到底有多少間法院嗎？是幾十間還是幾百間呢？

從司法院的「行政組織系統表」可以發現，由南到北、本島到外島，台灣一共有三十五間法院。這裡面有大家熟知的各地地方法院、高等行政法院，也有較少耳聞的離島福建連江地方法院、福建高等法院金門分院等。我們知道，高等法院不是每個縣市都有，但你知道，有些很特別的法院是全台唯一，只有一家的嗎？

首先，為了專門處理智慧財產案件而生——位在新北市板橋區的**智慧財產法院**。它在二〇〇八年成立，可以負責跟智慧財產案件有關的民事、刑事以及行政訴訟事件，他的組成是透過專門的《智慧財產法院組織法》來規定。

再來是為處理未成年人及家事相關案件——位在高雄楠梓區的**少年及家事法院**。它原本是少年法院，二〇一二年時改制為台灣高雄少年及家事法院，規範依據則是《少年及家事法院組織法》。

最後是最高的法院——都位在台北的**最高行政法院及最高法院**，他們各自負責行政以及民刑事案件的最後一審，規範依據分別為《行政法院組織法》及《法院組織法》。這邊要注意的是，在我國，一般的案件（民事、刑事）與行政案件，是進行不同的訴訟程序喔！一般案件是前面提到的「三級三審」制，行政案件所採行的則是「三級二審」制，分別由不同體系的法院進行審理！

而「智財法院」以及「少年家事法院」跟兩個最高行政法院的不同，在於**司法院若認為有必要，可以再選定地方增設智慧財產法院跟少年及家事法院**，最高法院以及最高行政法院則不能隨意新增，永遠都只會有一個！

知道了台灣究竟有多少法院及數量比較特別的法院之後，大家可能會有個疑問，這些法院數量這麼少，如果不是法院所在地的人民，有智慧財產相關案件或是家事事件的話不是很麻煩嗎？這個問題其實法律也有相關規定！

非法院所在地的人民要去哪裡打官司？

家事事件方面，依據《家事事件法》第二條規定，原則上由少年及家事法院處理，沒有設少年及家事法院的地方，則是由地方法院家事法庭處理。

智慧財產方面呢？我們可以分成民事、刑事及行政三方面來看：

根據《智慧財產法院組織法》第三條，涉及關於發明的專利案件、品牌的商標、文學或藝術的著作案件等智慧財產權益有關的「民事案件」，一二審是由智慧財產法院負責；而涉及智慧財產權益有關的「刑事案件」，像是洩漏因為工作所知道的

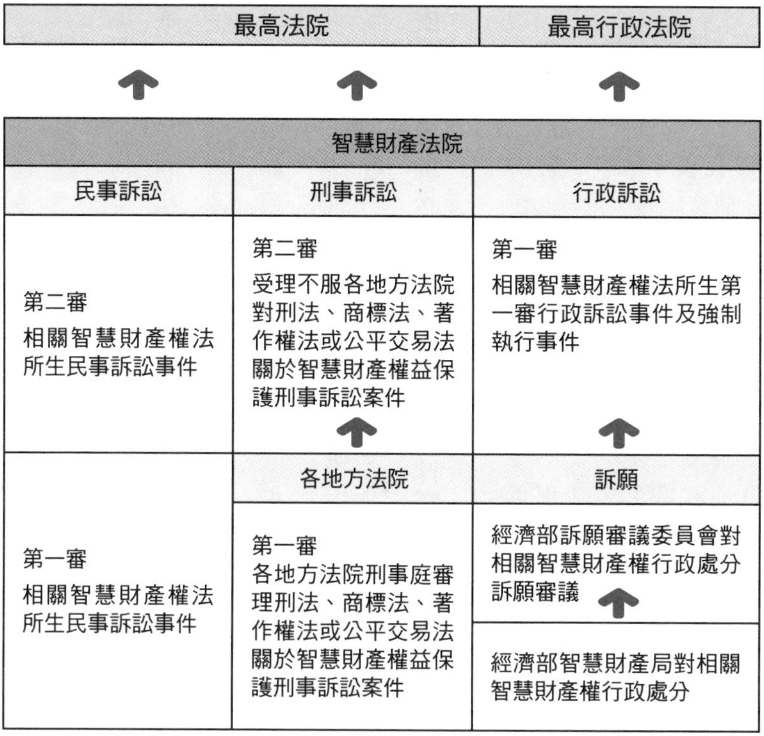

資料來源：智慧財產法院網站

工商祕密，第一審是由一般法院審理，從第二審起才由智慧財產法院負責；若像是不服政府關於智慧財產權益的裁罰，而衍生的「行政訴訟案件」，第一審應由智慧財產法院負責。

而高等行政法院雖然不只一家，但也不是每個地方都有，若發生行政爭訟的話怎麼辦呢？先前有提到，除了最高法院之外，**司法院可以依據需要來增設法院或於各地法院增設「特別訴訟庭」**。我國的行政法院就是如此，原本我國行政訴訟制度採二級二審，掌理行政訴訟第一審的法院只有台北、台中、高雄三地的高等行政法院，對於民眾訴訟並不便利。為了解決這個問題，自一〇一年起將行政訴訟改為三級二審，在各地方法院設置「行政訴訟庭」，除了將行政訴訟簡易訴訟程序事件的第一審以及相關保全證據事件、保全程序事件及強制執行事件，改由地方法院行政訴訟庭受理外，原本由普通法院審理的「交通違規事件」，改依行政訴訟程序審理。但要注意的是，**不是每個案件都可以由「地方法院行政訴訟庭」來審理，還是要依照《行政訴訟法》所劃分的案件性質來區分**。

法律白話文小學堂

在我國，除了一般的民、刑案件外，有一些特殊的案件類型，會由不同的法院管轄。而當我們遇到不同的案件類型，就要找不同的法院來處理，而針對該找哪個法院，各個法院的網站其實都有相關的資訊提供我們作為參考喔！

part 3

政治

新聞訊息亂糟糟，
政治讓我黑人問號

「喬王喬柯在喬什麼？」談談密室協商

劉珞亦

「時代力量天天在罵我什麼王柯體制、密室協商、垃圾立委，整天比國民黨還國民黨。」——柯建銘

「所有各黨團代表人、助理來參加，立法委員可以自由地參與、協商。行政單位的幕僚也都可以來接受諮詢參與，所有協商也都會有會議紀錄、錄音……所以，所謂密室協商是一種誤傳。」——王金平

王金平在過去和柯建銘分別為立法院藍綠的龍頭，經常進行黨團協商，因此被人批評「喬王、喬柯」，但到底黨團協商在喬甚麼？為什麼有這麼多人批評黨團協商淪為「密室協商」？

首先，到底何謂朝野黨團協商？

當不同黨派立法委員對於法案缺乏共識時，立法院長便出面主持黨團協商會

議，使各黨團派出兩位黨代表來進行協商，在一個月內直接討論及修改原先缺乏共識的法案，由定期院會處理。簡言之，**原本要由全體立法委員來決定的法案，在黨團協商的機制下，可以由少數的黨代表來協商決定**。

但為了避免黨團協商的內容形成密室協商，黨團協商內容必須透明公開、全程錄影、錄音並刊登公報。但若協商結論與當初的決議以及法律原文有明顯差異時，應由提出修正之黨團或委員，提出立法理由和協商結論，刊登公報。

黨團協商的緣起

黨團協商的源起是來自於「政黨的競爭」。

一九八六年，民進黨開始在立法院取得席次，國會因而出現政黨競爭，有別於過去國會完全由國民黨掌控。此時民進黨通常採用肢體衝突的衝撞策略，因此尚未出現黨團協商。然在一九九二年立法院修訂《立法院組織法》，規定有立法委員席次五席以上之政黨應設置黨團辦公室，「黨團」一詞首度問世而見於法制規範。之後則修法為每屆立法委員選舉**當選席次達三席且席次較多的五個政黨得組成黨團**，並於一九九九年制定**「立法院職權行使法」**，將黨團協商程序法制化。

為何需要黨團協商？

首先，要保障小黨的權益！在席次數量上取得優勢地位的政黨，在一般的狀況之下，可以不需要理會少數政黨的意見而強行通過法案。若不同政黨的背後，所反映的是兩種不同的族群及利益時，從長遠來看，就會產生只有一邊得利，而另外一邊則完全被犧牲的狀況，所以**協商反而可以更促進雙邊對話的可能性**。

也可以減少國會衝突！若站在少數黨團的角度，一旦任何法案都能被多數的黨團以人數優勢表決壓過，少數黨永遠被忽略，無法有效實質參與審議法案，自然只能尋求民意支持，其中最容易的方式就是用激烈的手段來得到媒體注意，而優勢黨則會將少數黨塑造成「暴力份子」，使得衝突更加對立而進入惡性循環。

但為何大眾都在批評黨團協商？

首先我們可以看看將黨團協商法制化的法條。

《立法院職權行使法》第七〇條第三項：「議案進行協商時，由祕書長派員支援，全程錄影、錄音、記錄，併同協商結論，刊登公報。」從此法條當中我們可以清楚得知，黨團協商雖然並非像是一般表決的公開場合，但仍然**要把整個過程記錄，並且公開地讓大家了解協商過程**，這樣的立法是希望落實責任政治，讓人民可以了解這些我們一人一票所選出來的立法委員是怎樣「喬」出我們的法案，作為我們監督民意代表的依據。

但這條法律目前沒有獲得落實，黨團協商都沒有紀錄，也就是說他們怎麼「喬」出這些法案，我們根本不得而知，造成我們**若想查詢此法條討論的過程，完全找不到紀錄**，且此條文的立法理由就會變成「照黨團協商條文通過」，無法得知其立法理由為何。更重要的是，就算立法委員違反《立法院職權行使法》第七〇條第三項，因沒有「罰則」或「失權」之規定，因此根本毫無約束力可言。

所以我們可以做什麼？

「政治永遠都是妥協的藝術！」因此即便大聲呼籲，這樣的「喬」行為似乎也沒有因政黨輪替而真正改變，難道討論法案，真的需要存在灰色地帶，讓立法委員暢所欲言，才能讓法案通過嗎？還是只要有協商，就不會有透明的可能性呢？

或許，我們能做的是，**支持公開透明黨團協商的候選人**，讓立委認知到應該要遵守《立法院職權行使法》第七〇條，透明的黨團協商才有可能吧。

法律白話文
小學堂

簡單來說，黨團協商就是透過少數的立委來直接更動法律的字句。這雖然是「喬」，但是法律其實是有規定可以「喬」的，只是問題在於我們「喬」了，卻沒「紀錄」，這樣違反法律的行為卻也無可奈何，或許更改制度才有改變的可能喔！

直擊黨產會與國民黨的密室契約？

王鼎棫

政黨及其附隨組織不當取得財產處理條例（簡稱黨產條例），於二〇一六年七月二十五日立法院三讀通過，並經總統於八月十日公布施行，而主管機關——「不當黨產處理委員會」（簡稱黨產會）也在八月三十一日掛牌運作。

抄黨滅族的黨產條例？

黨產條例目的，乃希望透過全面調查，處理戒嚴時期政黨及其附隨組織，在執政期間取得之不當財產，以期建立公平的政黨競爭環境，並落實轉型正義。面對過往包袱，今日的國民黨認為，這根本就是抄黨滅族的政治清算，打算強烈抗爭；黨產會則認定自己依法行政，將會以公平公正公開的態度，面對相關爭議。

而在法律戰開打後的半年，雙方元氣各有所傷，情勢一度轉變，據《聯合晚報》報導，國民黨和黨產會，曾歷經協商，打算以簽定「行政契約」的方式，解決不當黨產的認定爭議。只是因影響層面太大，雙方並未簽字，協商因此破局。而就這樣砂鍋大的爭議簽訂契約，輿論上也引發打「放水球」的質疑，黨產會與國民黨皆發布新聞稿回應，雙方僅初步洽談，就黨產問題釐清真相，並無密室協商的情形。

看到這邊，讀者心中不免要問，**什麼是行政契約**？**黨產會為何不好好調查，憑什麼跟國民黨談契約**？請聽本文娓娓道來。

行政契約是什麼，可以吃嗎？

相較大家平常熟悉的買賣契約，像是去便利商店購買啤酒，消解一天上班的疲勞，是一種互換「金錢與商品」的約定；行政契約作為契約之一，特色在**公益**

性較強，是用來「**發生、調整或消滅**」**行政法上權利義務**的約定。

比方說，中央健康保險署為了推行「全民健保」的任務，就找特約醫療院所來，簽訂由前者「**給付醫療費用**」，由後者對投保人民提供「**醫療服務**」的契約。此時，對醫院來說，就產生了與健保署共同打造《全民健康保險法》所定醫療環境的義務；另一方面，對健保署來說，為了前述醫療環境，則負起提供資源補助的義務。全台灣人民的健康守護，就在契約間交互打造，公益性可見一斑。

為何行政機關不使用單方強制手段，改用行政契約來喬事情？

國家及人民間的互動已不像過往，僅能以「**威權高壓**」的角度現身，有時若以「**合作夥伴**」的關係運作，反能**順利達成更多公共任務**；換句話說，時至今日，人民不再是國家支配之對象，也是能與國家坐下來對談協商，共同解決行政需求的重要角色。所以，為確保協商成果能確實遵守，有效實現，行政契約的存在就顯得不可或缺了。

舉例來說，若一味強行徵收土地，往往事倍功半，反之若能與地主事先詳談，透過行政契約，共同研商合理的交換標準，反而能更有效率地化解彼此疑慮，達到公共建設與私人財產雙贏的局面。例如，《土地徵收條例》第十一條第一項規定，政府機關申請徵收土地前，應該先與所有權人協商購買金額或以其他方式取得；只有當所有權人拒絕參與協議，或經開會未能達成協議且別無他法時，才能依本條例申請徵收，即是希望政府可以先透過與人民協商達成共識，並非在一開始就強行徵收人民土地。

這裡簽了什麼行政契約？

按照有限的新聞線索，**為了弭平不當黨產「認定」的爭議**，黨產會與國民黨所曾協商的，可能就是「**和解契約**」；那這類契約跟本案又有什麼關係呢？一切都要從他的依據《行政程序法》第一三六條開始說起。

當行政機關對人民行使公權力之前，當然應先調查相關事實或法律意見，才能作成結論；可是，有時不管如何反覆調查，都沒有辦法確認案件真相（柯南音樂帶入），此時，為了能在勿枉勿縱的精神下，解決手頭上的爭議，該條就規定，**若真的怎麼調查，都無法確認案情，行政機關才可以與人民坐下來談和解**，再把協商內容放入行政契約，故稱「**和解契約**」。

因此，為了避免機關打放水球，形成大開後門的弊端，若黨產會與國民黨的和解契約成真，必須建立在兩個前提上：

一、在茫茫國民黨黨產裡，由於年代橫跨許久，到底有哪些屬於不當取得，這類事實或法律關係不明確的狀態，經黨產會合理判斷，就算再花許多工夫，想破頭去調查，都沒有辦法有效釐清的。

二、透過黨產會與國民黨各退一步來締結契約，能有效達成黨產條例賦予的任務，也就是調查不當黨產，使其回歸國有，讓利益全民共享，促進政黨政治健全及轉型正義落實。

當然，若當時和解契約，沒有乖乖按照法律要求作成，依據《行政程序法》第一四二條三款規定，是會被痛快宣告「**無效**」的！

行政契約能載舟，亦能覆舟

行政契約雖有上述正面功能，還是不免產生弊端。比方說，行政機關拿著公權力當令箭，秉持自身優勢地位，以「協商契約」為名，**強迫人民作為當事人吞下不利條件**；又或著，有些具有特殊強勢地位的私人，像是財團，能提供大筆利誘，使行政機關繞過許多限制，**透過契約輕鬆輸送違法或不當利益**。

以上種種，都是我們在使用行政契約制度時，必須透過制度加以防範的，如此才能令行政契約，發揮我們當時期許所能帶來的「**效率與合作**」。

法律白話文
小學堂

行政契約作為契約的一種，特色在於「公益性」較強，用來發生、調整或是消滅行政法上權利義務的約定，透過行政契約的方式，改變以往國家與人民間威權高壓的關係，以合作關係運作達成公共任務。

行政契約雖然能夠使人民與國家較為平等地進行協調，但仍有其弊端，例如行政機關以協商契約為名，強迫人民作為當事人接受不利條件，或者使資本雄厚的財團可以利用金錢作為誘惑，繞過許多限制，透過行政契約輸送違法或不當利益，這都需透過制度予以防範。

施政髮夾彎怎麼辦？信賴保護蕩然無存？

王鼎棫

爭議不斷的18趴優存利率是否能夠調整？二〇一四年，大法官即曾作出司法院釋字第七一七號，說明調整18趴優存利率這件事，並沒有問題，尤其沒有違反「信賴保護原則」。民主國家施政，往往隨著政黨輪替而轉彎；諸如此類的情形，究竟是國家的恣意反覆，還是不得已的情事變更，有無標準認定，可以讓國家踩住煞車？請看本案對信賴保護原則的操作。

話說從頭

司法院釋字第七一七號的聲請人，是一群退休的公教人士，有的在高職擔任主任，有的在縣政府擔任技士，共通點都是：退休之後，可以按服務年資，核定辦理優惠存款的金額數目，與台灣銀行簽定契約，享有優存利息。

可是，隨著社經狀況改變，主管機關修訂了優惠存款的相關規定，減少了聲請人可以拿去辦理優惠存款的數目，拉低了他們能享有的優存利息金額。當然，聲請人不服，馬上循序提起行政爭訟，在用盡救濟途徑後，認為相關規定的修訂，是政策大轉彎，有違憲的問題，就跑來聲請大法官解釋，於是有了今天這個案子。

信賴保護原則到底是什麼？

大法官開宗明義說得明白，信賴保護原則就是，**憲法要求保護，人民依法已取得或預計可以取得的利益**，否則根本無法讓人民對法規產生信賴，也就沒有辦法實現「依法治國」的理想；反之，當人民能夠信賴法規將持續運作，也就能自在地安排生活。可是，這並不是說法規定了從此就不能變動；若變動所帶來的公益，優於人民目前得以享有的利益，可以為了公益需求，調整現行的法規內容。

也就是說，優惠存款的相關規定制定已久，讓許多公務員根據優惠存款規劃退休財務藍圖，所以他們對法規的信賴，自然值得以憲法守護。不過別忘了，即使有信賴，仍然可以為了「公益需求」調整現行的法規。（有原則就有例外嘛！）

大法官點出調整18趴的必要性，要求信賴必須退讓！

司法院釋字第七一七號說得斬釘截鐵：優惠存款相關規定推出，已逾三十餘年，國家社經發展與人事制度，均有重大改變，公教人員的待遇也早就大幅提升。外加退撫制度的逐年修正，讓部分公教人員加計優惠存款利息的退休所得偏高，造成不工作所得，甚至超過工作薪水的現象。

調整18趴的規定，就是要處理前述種種失衡的現象，避免造成國家財政嚴重負擔，排擠其他福利預算，並讓世代權益失衡等重大問題，所以調整18趴，確實有其必要性。況且，政府從來也沒有要斷然取消優惠存款，只是想減少當時退休所得替代率過高的不合理情形。於是，在衡量修正規定想要達成的公益，與退休公教人員對於18趴的信賴，「公益」這一次優先了，所以18趴規定的調整，並未違反信賴保護原則。

改也不能改過頭，所謂年金改革的界線

雖然說調整公益優先，大法官還是周全地考慮到，公教人員的退休制度，目的在保障其退休生活的條件與尊嚴，讓公教人員在職時，能無後顧之憂，專心公務，吸引更多好的人才為國效力。所以，大法官特別提醒：相關機關修正退休人員優惠存款的規定時，除應符合本解釋的精神外，也應避免讓退休所得低到無法安心生活；同時，在衡量公教人員退休所得的合理性時，也應顧慮低階或情況特殊的退休公教人員——他們不像高階公務員，擁有較雄厚的資力，可較從容地面對退休所得的刪減。因此，只得透過更細緻的計算方式，減緩其退休生活或財務規劃所受之衝擊；這樣的顧慮，無形中已畫下一條**年金改革的界線**。

法律白話文 小學堂

民主國家施政雖不免轉彎，可是這樣的情形，我們已經知道能用信賴保護原則來檢驗。若是對施政的信賴，優於修正的公益，國家就應踩住煞車；反之，變動公益有其必要，信賴利益則應退讓，成為不得已的情事變更。下次你看到年金改革口水滿天飛的時候，心中也會多了把明確判斷的尺。

法令叫我吃瘦肉精？先來去陳述意見！

王鼎棫

「食」的安全，永遠都是民眾心中首屈一指的大事，因為每天張開眼奔波，就是為了三餐！而又因為台灣特殊的外交地位，在進口美國肉品的同時，我們常面臨是否須隨之放寬檢驗標準的爭議。

二〇一六年四月，媒體曾詢問前農委會主委曹啟鴻：「若行政院要研議開放瘦肉精，甚至以行政命令打通貿易障礙，您會怎麼做？」前主委表示：「內閣要分工合作、共同面對美豬，農委會將會調整畜牧業體質，並嚴格取締國內使用瘦肉精。換句話說，若要與美豬區隔市場，台灣就不能使用瘦肉精，並徹底取締。」

揭開「行政命令之民眾參與」的面紗？

農委會掌控行政命令的制定權責，一聲令下就可以開放瘦肉精肉材進口；而面對如此頻繁的變動，甚或對你我健康有所衝擊的情況下，除了上街抗議，我們還有其他體制內可以發聲的管道嗎？

有的，這機制叫做「**行政命令之民眾參與**」。

行政命令，顧名思義，是行政機關自行制定，用來管理生活秩序的規範。而「命令」影響你我，即牽一髮動全身，當然要設計一套，你我都可以參與的機制，實現當代國家以民為主的精神。

像是依《行政程序法》第一五二條及第一五三條規定，我們有「**主動提議**」機制：個人或團體得附具資料，主動向行政機關提議訂定特定內容的法規命令；機關若經評估，目前無法配合制定，就也應附具拒絕理由，回覆原提議的個人或團體。

又依同法第一五四條及第一五五條，我們還有「**預告暨評論**」機制：當行政機關制定法規命令前，**應事先透過政府資源公告周知**，告訴人民法令草案的重要內容（訂定依據、草案全文或其主要內容），並讓人民在一定期間內，**可以好好對法令草案陳述意見**；甚至機關也可視狀況，拉高陳述意見的規模，直接辦理聽證會，廣邀社會賢達，對於法令涉及的特定議題，交換意見，激盪出最好的結論！

參與行政程序，決定自己的生活

也許有人會問，我們投票選政府，讓他們自己決定就好了，為什麼還要花時間，參與政府機關施政的程序？對的，這個結論能夠成立的前提是，政治人物的行動永遠不會變質，永遠都只從守護你我利益的角度出發；問題是，可能嗎？

所以，**透過程序參與**，**可以說是施政的防腐劑**，**更能決定自己的生活**！

試想，透過你我在程序的發言，可以讓機關獲取更多有關瘦肉精的資訊，**讓**

最後檢驗標準的設定，**能趨於正確**，你我的身體健康不就更能受到保障？再來，這樣的民眾參與，更能有效監督行政，**降低官僚藉由規範設定**，**圖利特定族群**的可能。

而且，透過機關與不同立場的人的論辯（如透過主持人本於中間立場，就事實或法律問題，逐一詢問到場人民），更能讓各方利益，在這個角力場中，盡可能地相互實現，而**免淪為全有全無之**「**零和遊戲**」；同時，既讓人民在行政決定作成前，參與相關程序，也讓各種對立主張盡情表達，逐漸與機關間形成共識，自然能將對立化為合作，更**有機會使每位國民由衷接受政府所制定的各種政策**，也**防堵了事後許多不必要的爭訟**。

回頭反省，既不夠好，就讓他更好

雖然，我們可以參與機關制定命令的程序，可美中不足的是，縱有外界主動提供意見，**行政機關因無具體回覆義務**，故常見機關有如機器人的制式回答——

「台端意見當列入斟酌，併此致謝回覆」等話語。

而且，也有不少學者憂心，那些直接受法規管制的人（如廠商），縱使對命令的建議不被青睞，也因具備政經各方面的龐大資源，除可透過司法途徑捍衛權益，更可藉政治勢力保障自身；而那些間接受惠法規管制的人（如消費者），通常因彼此並無牽連，利益分散且組織不易，若其建議被機關忽略，也很難再透過政治途徑獲取支持。兩相比較，就可以發現，機關容易偏袒少數既得利益者，忽略你我這般的多數聲音。

不過，千萬別灰心，請回想前述瘦肉精事件。此等攸關國民身體健康極大的事件，你真的放心讓農委會草率地將行政命令之內容轉了又換，換了又轉？更別說，若所有行政機關都來這麼一手，我們的生活又將變得如何？

尤其，不可逆的全球化為我們帶來巨大的社經變遷，讓**行政機關設計規範時的考量因素，日趨複雜，使其運作更容易陷入決斷資訊不足的困境**。因此，更需要你我的參與，適時加入各種環節及各種領域的意見，藉此改善這樣的困境。至於如何讓民眾參與的程序更加確實，不失為下一階段可以奮鬥的方向。

總之，若能使命令參與制度的完整度，更上一層樓，也才能緩解民意在組織層層傳遞的過程中，逐漸枯竭而喪失調控國家權力的風險。

法律白話文 小學堂

行政命令是由行政機關訂定，規範人民的生活秩序。既然會影響一般民眾的權益，在制定的過程中，當然要有讓民眾參與的程序。針對行政命令的制定程序，人民可以以個人或團體，附具資料，主動向行政機關提議訂定特定內容的法規命令。

另外，依照《行政程序法》規定，還有「預告暨評論」機制，行政機關制定法規命令前，應事先透過政府資源公告周知，告訴人民法令草案的重要內容，並且讓人民在一定期間內可以好好對法令草案陳述意見。

政治歸政治、體育歸體育的運動協會？

蔡孟翰

「可惡！蚌協爛透了！我要用選票教訓它！」

（八年就這樣過去了……）

「可惡！兩黨一樣爛！蚌協沒有因為政黨輪替而長進！再用選票讓他們聽見球迷的聲音！」

（八年還是過去了……）

「唉唉……為什麼蚌協還是這幾張面孔呢？」

因為政治歸政治，蚌協歸蚌協呀！（俏皮眨眼）

棒協根本不是政府組織？

每當大型國際運動賽事舉辦在即，特別是有台灣選手出賽的比賽，場上的表現和成績就備受國人關注，並成為媒體報導的焦點。不過近年來，某某協會在場外的表現也吸引不少國人注目、佔據媒體版面。

如二〇一三年世界棒球經典賽，中華棒協遭批評對球員照顧不佳以及搶著比賽獎金分紅；二〇一六年六月足球亞洲盃資格賽附加賽，足球協會遭批評要求夏維耶自費出賽；二〇一六年奧運，謝淑薇因網球協會不同意給予教練憤而退賽；同年奧運，羽球協會強迫選手使用尚未適應的特定廠商球具及球衣，否則罰錢或禁賽。

但是政黨輪替了又輪替，這些協會的內部成員都沒有變動，甚至很多政治人物選舉失利，就轉任協會理事長。

其實這些協會根本不是政府組織，而是依據《國民體育法》第八條及施行細則第三條所成立的「**非以營利為目的**、**以推廣體育休閒活動或競技運動為宗旨的公益體育團體**」，**屬於非營利民間團體**。

這些協會又會參與專門舉辦國際性賽事的國際非政府組織（NGO），如棒協參與國際棒總（International Baseball Federation）、籃協參與國際籃總（International Basketball Federation）等，擔任我國棒球界與籃球界的代表；而國際棒總和國際籃總也是大型國際棒球和籃球賽事的主辦單位。

以國際羽球總會為例，國際羽總章程（Badminton World Federation Constitution）第四條即指出，國際羽總會是各國羽球協會的組織，總會與會員致力推動羽球運動；第八之一條指出，總會的會員應是在該國國內全面管理羽球運動的單位。因此中華羽協就是以台灣羽球組織代表，參與國際羽總推動的賽事，例如協助國內選手報名參加。

可以比擬想像一下：就好像全國法律系的學生會舉辦大法盃球類比賽，大法盃是由學生運動聯盟所主辦的，並不是各校法律系主導，又運動聯盟必須透過各校的系隊報名參賽，系隊也是由熱愛運動的學生所組成、也不是法律系組織設立的。因此想報名參加大法盃，就必須透過學校的系隊。

協會的權力從哪來？

不過一般民間團體怎麼好像可以呼風喚雨，甚至禁止球員在國際賽事出賽呢？像是一九九九年郭泓志與MLB道奇隊簽約而退出中華青棒隊，遭棒協永久除名；二〇〇二年籃協以陳信安為參加NBA國王隊季前訓練而退出國家隊為由，禁賽三場總統盃比賽及一年國手球監；二〇一六年奧運，戴資穎未使用指定廠商的球具，羽協一度表示不排除禁賽。

這或許又得提到與這些協會有密切相關的中華奧會。

四年一度世界運動盛事奧運，其實並非由政府組織、或政府參與的國際組織所主導，而是由屬於國際NGO的國際奧林匹克委員會（International Olympic Committee）所推動。又為了更有效運作奧運，國際奧會與各國國內成立的奧林匹克委員會合作。而我國的中華奧林匹克委員會（簡稱「中華奧會」）就是經國際奧會所承認的會員。

為了使我國能參與國際運動賽事，《國民體育法》第九條特別立法確立中華奧會的地位，由中華奧會在符合國際奧會憲章規定情形下，與中央主管機關配合辦理國際事務。包括：一、奧運、亞運、東亞運或其他國際奧會認可之綜合性運動會有關事務。二、我國單項體育團體申請加入國際體育組織之承認或認可。三、其他有關國際體育交流事務。

另外，二〇〇四年行政院體委會（今教育部體育署）依據《國民體育法》第十六條訂定《國家代表隊教練與選手選拔培訓及參賽處理辦法》，其中第二條第二款規定國家代表隊參加特定國際運動盃賽，是由經中華奧會認可的各運動協會所組織。上述提及的運動協會，包括棒、籃、足、網、羽等協會，都是經中華奧會所承認。

此辦法又規定，**國家代表隊選手及教練的選拔和徵召**、**培訓等**，**都是由各協會負責**。並在辦法第十五條規定，選手在培訓或參賽期間，各協會可以經會議審議認定違反規定後，決定懲處或取消代表隊選手資格。包括選手於培（集）訓或參賽期間，未依計畫參加訓練或比賽、使用禁藥、不聽教練指導或破壞團隊和諧、變賣公家器材營利、以及無特殊理由不接受國家隊徵召。

由此可見，**即便是民間團體，但在法律授權的情況下，卻可以對象徵國家榮耀的比賽和選手有不小的影響**。不管政黨怎麼輪替、政府單位換哪位主管，協會依舊屹立不搖，難怪近年不少人主張應該修改相關國內法規呀！

法律白話文
小學堂

體育協會不是政府組織，而是依據《國民體育法》成立的公益體育團體，屬於非營利民間團體。這些協會會參與專門舉辦國際性賽事的國際非政府組織（NGO），如棒協參與國際棒總、籃協參與國際籃總等，擔任我國棒球界與籃球界的代表。

民間團體對於國內球員具有一定的掌控力部分原因來自於「中華奧會」。國家代表隊參加特定國際運動盃賽，是由經中華奧會認可的各運動協會所組織，國家代表隊選手及教練的選拔和徵召、培訓等，都是由各協會負責。而法律也規定了培訓或參賽期間，各協會可以經會議審議認定違反規定後，決定懲處或取消代表隊選手資格，為體育協會對運動員主要的權力。

從中生來台，看行政與立法，如何分工？

王鼎棫

面臨對岸不停歇的文攻武嚇，中國議題在台灣，一直飽受爭議，像是中國學生來台就讀，執政當局為因應民間不斷的質疑，曾嘗試提出許多配套措施，包括：不給予加分優待、不編列獎助學金、不允許在校外打工或兼職、停止修業或畢業後不可續留台灣就業、不能報考公職等限制。

這些**限制**的制定依據，是出自《臺灣地區與大陸地區人民關係條例》（簡稱兩岸條例）第二十二條規定，多由立院授權教育部等行政機關擬訂。那麼，由誰來訂定很重要嗎？或是說**立法院或行政機關誰來訂有差嗎**？有，差很多！

交給行政機關決定還是由國會立法？

立法院是透過數不盡的公聽會，外加代表民意的立法委員或是地方議員，**在「謹慎的三讀立法程序」下通過**；行政機關則**適用較為「簡便有效率」的行政程序**，經專業事務官草擬，交由長官裁斷所進行。而由立法機關或行政機關訂定規範除了訂定過程的嚴謹程度不同之外，也影響了規範內容走向。

行政機關與國會，也就是立法機關的分工，涉及到了「**法律保留**」這個概念——用來處理某個國家事務（如前述中生來台限制），是否應該由立法者以較嚴謹的立法程序制定法律加以規定。面對行政與立法之間，這樣誰來決斷的拉鋸，大法官也在司法院釋字第六一四號指出：「**憲法上之法律保留原則……不僅規範國家與人民之關係，亦涉及行政、立法兩權之權限分配**。」由此可知，「法律保留」的概念，正是處理國家如何分工的重要指標。

接下來我們不免就要問：要用什麼標準來決定哪些事務應由立法者加以規範呢？

有限制才有法律？

主張「有限制才有法律」的人認為，只有當國家「侵害人民的自由權利」時，才需事先設定法律，作為干預人民的依據。此說可上溯十九世紀的歐陸國家，是對當代君王恣意統治的反思。也就是說，希望透過代表人民的國會，制定法律，限制君主統治下的惡害，讓國家必須先制定法律、明訂具體規定，才能依法對人民行使公權力。

然而，這樣的說法**恐怕無法因應現代「福利國家」的運作**。因為，若要使國家「公平合理」地「提供福利」，就得事先用法律規定，讓國家有限的資源可以被合理的分配給需要的人。試想，假設今天國家只有一百塊，其將其中的五十塊給了同一個人，那麼剩下的人就只剩五十塊可以分，我們看到雖然國家沒有直接剝奪任何人的權利，但這樣不合理的分配卻相對地剝奪了其他人獲得資源的可能。因此，若緊守「**有限制才有法律**」的說法，會得出政府可恣意進行預算分配而無限制之結論，司法院釋字第六一四號即明確指出：「給付行政措施……如涉及公共利益或實現人民基本權利之保障等重大事項者，原則上仍應有法律或法律明確之授權為依據」，就是這個意思。

摻在一起，通通交給立法者制定不就好了嗎？

相較前面僅限定「限制自由的事務」才交由法律規定的說法，另外有主張「全面保留」的人認為：**所有國家事務，其實都應交由立法者事先規定**。這個說法的考量在於，當今已從「君主時代」進入「民主時代」，立法者既然是「一群」由四面八方「直接民選的代表」所組成，相較其他機關，更被期待能實踐人民想法，所以立法者的任務也從「對抗濫權」進化成「國民意志的展現」。因此，若能將全部國家事務，交由立法者規定，是再好不過了。不過，**顯而易見地，將使立法者承擔過多任務，而有無法負荷的問題，難以付諸實踐**。

重要的！我們只限重要的就好

面對前面各種說法的偏執，這有一個說法**折衷地認為**，**應將「重要事項」**，**交由國會**，**以法律定之**。

接下來不免就要問，什麼是「**重要事項**」？重要事項**指的是**，「**那些對公共利益或基本人權的實現**，**具有重要關聯的事務**。」（注意，對人民權益的干預，既然對人權能否實現，顯得相當關鍵，所以這類事務的發動，須有法律依據的概念，仍然不變喔！）固然，這個判準還是非常抽象，可是至少能在概念的茫茫大海中，標定立法者的任務範疇，給予些許具體化的方向，故仍蔚為判斷法律保留的主要依據。

像是大法官也在司法院釋字第四四三號解釋理由書表示：「何種事項應以法律直接規範或得委由命令予以規定……應視規範對象、內容或法益本身及其所受限制之『輕重』而容許合理之差異」、「若僅屬與執行法律之『**細節性**、**技術性**』

次要事項，則得由主管機關**發布命令**為必要之規範」、「給付行政措施，自較限制人民權益者寬鬆，倘涉及『**公共利益之重大事項**』者，**應有法律或法律授權之命令為依據之必要**」。我們可以看出，大法官試圖以「對人民的限制輕重與否」及「是否為重要事項」，作為國家行為時是否需要由法律作為依據的區分標準。

中生來台的限制由誰規範比較合適？

回到一開始的問題，面對「中生來台的限制」，到底適合由行政機關以命令單方決定，或交由國會審慎以法律規定為宜？

好，就讓我們用重要性理論來想想。前面說，「**重要性事項**」要用法律來規定，且該等事項是指，「那些對公共利益或基本人權的實現，具有重要關聯的內容。」而中生來台一事，既然與兩岸學生的「教育權益」能否完整實現，具有密切關聯，所以這類事項，似乎應由法律作整體規範。

可是，考量到中國大陸事務，往往根本性涉及人民對中國大陸採善意或敵對的態度，並隨時事演進，表現在不同選舉中，影響當時執政黨的政策；如果這類限制，一律提升到法律位階，勢必卡住對中政策的推動，很多地方可能會動彈不得。故另從**機關的特性**考量，命令的制定程序既然比國會彈性，可以配合兩岸關係的波濤洶湧，所以中生來台事項，也不排除先讓法律制定框架，再透過行政命令的方式規定，也就形成我們前面看到的規範模式啦。

法律白話文
小學堂

規範國家的行為究竟應該透過立法機關或行政機關來訂定相關規範呢？依照目前實務上運行的模式，多以涉及的事件「是否重要」作為判斷的依據。如果國家行為時將嚴重限制人民，或是涉及到「重要事項」時，就應該有法律的規定，並以該法律作為國家行為的依據；反之，如果今天認為，不是那麼嚴重的限制，或是即時性很強，又或只是一些細節性的事項，這時候應透過較專業且迅速有效，較具彈性的行政機關來規範。

part 4

國際

地球村時代必備，
講出來就讓人崇拜的
國際視野！

台灣是如何參與國際組織的？以世衛模式為例

李柏翰

世界衛生大會（WHA）的召開時間是每年的五月下旬，也因此衛福部和行政院在每年的五月份，都會被媒體窮追猛打。台灣身為「受邀觀察員」，在法律上到底算什麼？根據世界衛生組織（WHO）的說法，這似乎只是一種特例，於是台灣總得引頸企盼WHO幹事長的邀請函，因為照慣例，祕書處會先向會員國發佈開會通知後，才決定要不要邀請我們出席會議。

不論政權如何移轉，台灣人總在問：政府將「如何」代表「誰」參與「什麼」國際組織。當然這都會受到台灣國際地位的影響，尤其是與美中兩大國之間的關係（比如美國眾議院分別於二〇一三、二〇一六年通過法案支持台灣參與國際民航組織和國際刑警組織，中國政府也「照慣例」抗議）。台灣過去曾經參加過WHA，到底是怎麼辦到的呢？

世界衛生「組織」和「大會」的差別

想像WHO是一個班級，會員是班上的同學，而每次班會時，班上的人都有權利參加，會議中決定的事項（比如班遊、班費、幹部）都是為了使班級能夠順利運作。因此WHA就像週期性例行班會，最重要的事情都在這個時候討論與表決。這個時候再想像：班會的時候，班上後面坐著一個不是班上的人，說他想看看班會在幹嘛，然後班上的人也願意讓他說說話，偶爾還能聽聽看他參加其他活動的經驗。

不過這個人「觀察」的主要目的不只是來看看，而是跟班上的同學交朋友。依據《世界衛生組織憲章》第三條，該組織會員身分之取得，對「所有國家」開放。假如國際社會是學校，那也就是說，要成為班上同學的，必須至少要是有學籍的學生（即國家地位）；但不代表是學校學生就得是班上同學，而就算再聰明、再會念書的小孩，沒註冊也還是不行。如果是學校的學生，要加入這個班，依照班規，主要有三種方式：

一、先加入聯合國，然後再簽署、批准《世界衛生組織憲章》。

二、曾受邀派遣「觀察員」參加一九四六年在紐約召開之國際衛生會議（不過這種加入方式，必須在第一次開班會之前完成）。

三、針對「其他國家」所設：即如果（1）不是聯合國會員國，又（2）沒參加到一九四六年的國際衛生會議者，或（3）有參加到，但沒在第一屆WHA開會前加入者，則需要申請加入，且班會表決同意才行。

以「中華民國」（政府）為例，首先，**我們不在聯合國裡**；而儘管我們當年代表了「中國」（國家）參與一九四六年的會議，並成為最早加入WHO的國家之一，但當中共取代中國代表權時，中華民國也無法再以這個方式參加了；就算想再以中華民國「國家」（而非政府）的方式申請也不太可能了。因此「中華民國」這個名義基本上是加不進去WHO了。

這個班很有趣，還有一個「副會員」制度，也就是給沒有學籍的人參加的：**凡是不具備國家屬性的領域政治實體，或是不被承認為國家者**（**雖然會員無望，但仍有機會成為副會員**）。比如無法自行打理國際關係的「屬地」或「屬地的集合體」，可以透過負責處理該屬地國際關係的WHO會員國或其他當局代為申請。

也就是說，同學的未成年弟、妹也有機會成為班上一份子，而且還不一定要同學自己代為申請，也能讓「其他具備代該領土經營國際關係之能力者」幫他申請，可能是學校自己（聯合國）或跟班上關係很好的其他班級（其他聯合國專門機構），或甚至其他學校（非UN系統的其他政府間國際組織）。

台灣如何參加WHA？

任何副會員申請案都必須由班會同意，假如過了，則將由來自屬地本地的公衛專家代表與會。可惜這個機制也不適用於「中華民國／台灣」，**因為台灣完全**

自行打理國際關係，也已經用過許多名義參與不同國際組織（比如參加WTO的台澎金馬個別關稅領域），所以實在很難說服班上同學，我們正在被其他人代管。

究竟誰能受邀去看戲呢？依《議事規則》規定，WHO幹事長有權邀請觀察員，但具體的觀察員制度，則是基於組織實踐演進而來。由於國際情勢不容許台灣比照教廷或巴勒斯坦的模式成為觀察員，因此台灣是仿照馬爾他騎士團的參與模式，由幹事長以「個案邀請」參加WHA大會。

在官方會議記錄上，台灣（中華台北）受邀參加WHA時，就是放在第三種觀察員列表中，以類似馬爾他騎士團或是國際紅十字會的情況參與WHA。

早期我政府曾試圖模仿參與國際漁業組織的模式（捕魚實體），創造出衛生實體的概念，以爭取WHA觀察員的身分但未果；到了中期，更試過直接以「台灣」的名義申請成為WHO的會員，當然不可能成功。就在二〇〇九年，衛生署收到了來自祕書處的邀請函，觀察團就這樣未經任何程式性辯論，順理成章參加了當年大會。奧義在於為什麼會突然收到「邀請函」，磋商過程成謎，但迴避程序規定肯定是有意的，這也是種「一中框架」下的默契。

法律白話文
小學堂

自從我國開始推動「活路外交」、「兩岸休兵」，連續數年以觀察員的身分、以中華台北的名義出席WHA，但又在二〇一七年碰壁。其實，台灣若真想貢獻或受惠於全球衛生，不該只以參加班會的心情看待WHO與我們之間的關係，也不該把WHA視為全球衛生治理的全部。外交策略是雙面刃，總在吃虧跟佔便宜之間拿捏；而「有意義參與」的戰略應給予自身更具彈性的施展空間，因此應思考WHA模式以外的其他出路。

外交人員的「特殊待遇」怎麼來的？

李濬勳

新聞上常常看到外國元首進入他國時會受到許多禮遇，比如美國總統川普出訪他國時，女兒蒂芬尼同樣也享有禮遇。這樣的「特殊待遇」到底是怎麼來的呢？

外交人員係蝦米？

在開始說明外交人員的特殊待遇之前，要先跟大家說明什麼是「外交人員」。其實外交人員也是分門別類，根據不同的身分、負責不同的工作，地主國會給予不同的待遇。

基本上可以先將外交人員分成二大類：**第一種是「外交代表」**，**第二種是「領事」**；外交代表的特權規定在維也納外交關係公約，而領事的部分則規定在維也納領事關係公約。相信聰明的你發現了：二個公約都是在奧地利維也納簽署喔。

外交代表指的是國家的官方代表，有時候更是國家元首的分身，因此不可等閒視之。**外交代表處理的事務是與他國的官方、政治事項，進行政治談判或是軍事合作等較為敏感的議題**。通常依據等級，會分為大使、特命公使、駐辦公使以及代辦。

而**領事處理的是我國人民於他國之事務來往，通常不會處理國與國之間的關係，也因此其處理的事務多半涉及地方性事務**，例如工商業往來、保護僑民、發給護照等。領事可以分成職業領事與名譽領事，前者是國家公務員身分、而後者是有名望的個人受國家的授權在特定區域內處理領事事務。

外交人員哪裡猴賽雷

首先，**外交代表與領事都享有豁免權，可以在一定程度之範圍內不接受駐在**

國法律之拘束，但有程度上的不同。

外交人員與領事於執行職務時享有豁免，所謂的豁免就是不接受地主國的法律拘束、不被法院處罰。因此外交代表在執行職務時若有違反當地國的刑法或是民法，都可以主張不接受當地國法院的管轄、處罰。

古語有言：「兩國相爭，不斬來使」，過去雖然是指不要為難中間協調人的意思，但是今天也可以解釋為外交大使不被駐在國法院處罰。

外交代表也可以拒絕出庭作為證人。而領事在執行職務時也有刑事豁免與部分的民事豁免，只是在作為證人的義務原則上要出庭作證，只有在符合一些例外情形時才可以拒絕作證喔！同時外交代表的家屬也享有相同的豁免。

在特權上，外交代表與領事**除了私人投資稅以外，不用納當地國的稅**。外交代表與領事的私人用品也免除一切關稅，並且原則上入境時的行李也不用受查，還可以走外交通道快速通關呢。

說了這麼多關於外交代表與領事的待遇，為什麼要給予這些人員如此特別的地位呢？因為這些人員都被認為是國家派駐外國的代表，代表著他們的母國，為了避免不小心發生矮化他國主權的指控，並且為了方便他們在外國行使職務，所以會給予他們一些特權。

而領事也是國家的代表，負責處理人民與外國之間的問題，事務上較為貼近生活、沒那麼敏感。但各國之間基本上也都會這麼做，長久以來的反覆操作，也被寫入維也納外交關係公約以及維也納領事關係公約，因此給予外國代表一些特殊的待遇可說是國際上的習慣了。

台灣就是與眾不同

台灣由於地位特殊，在國際上有點爭議，因此有些特別的處理方式。目前我國的邦交國有二十個，針對這些邦交國，我國與友邦都設有正式的官方大使館，也互派駐有大使等外交代表。針對這些大使，友好條約上也都會寫明豁免以及特權規定依國際習慣法，就是上述的二公約。

然而對於那些沒有正式外交關係卻又有實質來往的國家，**我國與他國便會互相派設代表處**，目前我國於世界各地設有七十九個代表處，包括美國、澳洲、日本、以色列、土耳其及越南等國家均有我國代表處。除了這些以外，我國**也會設立一些非政府組織用以處理國家與國家之間的事項**，例如台日關係協會就是負責處理我國與日本之間的事務及溝通平台。

而台灣由於跟中國關係特殊，所以也設有「海峽交流基金會」及「海峽兩岸交流協會」負責處理兩岸事務，所以原則上兩岸的官方組織及官方成員不太容易直接接觸到。

總的來說，我國由於外交處境特殊，因此在外交安排上名稱會有些不同，但這些不同的名稱並不影響實質上外交人員所受待遇。我國必須透過這種「非官方的名稱」來安插外交人員至外國，避免引起抗議。

而我國也同樣有給予外國機構相關的特權及豁免，無論是邦交國或是互設代表處的國家，我國都會透過條約給予這些待遇，同時在《駐華外國機構及其人員特權暨豁免條例》中也有規定這些待遇。例如外國外交人員於執行工作時享有豁免、也享有某些免稅的待遇等，然而**這些待遇必須要是在「互惠」的情況下才會給予**。換句話說，就是外國同樣也要給予我國外交人員相同的待遇，我國才會給予，這是國際上行之有年的習慣。

外交人員好辛苦

外交人員或許在特權及豁免上比起一般人民享有很多優惠，然而，他們要承受的壓力和職務上的困難，也非我們所能想見。外交人員經常離鄉背井到外地生活、久久才能與家人相聚；若是被派駐到經濟發展較落後的國家，生活還會更辛苦。此外，他們的工作要承擔國家的壓力，他們代表的就是國家，因此一言一行常被放大解釋。

在知道外交人員享有特權與豁免的同時，我們也可以反思一下，與他們的工作壓力相比，這樣的生活真的有比較威風？許多看似華麗的晚宴，其實都是他們的外交場所，如果是你，你願意在吃飯時還背負著國家任務嗎？

法律白話文 小學堂

外交人員主要可以分成外交代表以及領事。外交代表是國家的官方代表，有時更是國家元首的分身，處理的事務是與他國的官方、政治事項進行談判，或是軍事合作等較為敏感的議題。通常依據等級，會分為大使、特命公使、駐辦公使以及代辦。

而領事處理的是我國人民於他國之事務來往，通常不會處理國與國之間的關係，也因此其處理的事務多半涉及地方性事務，例如工商業往來、保護僑民、發給護照等。領事可以分成職業領事與名譽領事，前者是國家公務員身分，而後者是有名望的個人由國家授權在特定區域內處理領事事務。看到這裡，別忘了若是出國護照有問題的話，要找的人其實是領事喔！

除了影響米酒價格外，WTO還有什麼影響呢？

李濬勳

講到WTO大家一定有聽過，但對它的印象可能就只留在米酒漲價、美牛美豬、服貿，然而大家有認真了解過WTO究竟是蝦米嗎？為什麼WTO對台灣而言是一個重要的存在呢？

國際貿易法是什麼？

國際社會利用國際法作為國家之間行為的準繩。國際法包羅萬象，因應不同的國際行為提供了不同的規範，例如《國際航空法》規定各國民航機的安全及飛行方式、《國際人道法》規定內戰或是戰爭時的行為準繩，而國際之間的貿易，也有《國際貿易法》來規範。

而在全球化與交通便捷的情況下，不同國家的人民之間交換貨品、買賣商品的情況也日益增加，但由於各國都有自己國內貿易法律規定，可能因此會導致貿易上的不便，有鑑於此，國際社會成立世界貿易組織（WTO），來消除減少這類的貿易障礙，讓各國之間的貿易能更便捷。

例如關稅會造成進口產品成本提高、衛生檢疫措施可能會造成有保存期限的進口食品過期、國家產業補貼會讓國內產品的成本降底、競爭力提高。

WTO是做什麼的呢？

WTO是世界貿易組織的縮寫，成立於一九九四年，總部設於瑞士日內瓦，是目前世界上最重要的國際貿易組織，截至二〇一六年止，WTO共計有一百六十四個成員，美國、日本、歐盟、中國、台灣都是其中的會員。其管理的範圍**主要是貨品**、**服務的進出口**，**以及相關的智慧財產權問題**，旨在消除國家所設下的貿易障礙，特別是各國法規命令所造成的不便利。

WTO規範的《國際貿易法》，是由關稅暨貿易總協定、服務暨貿易總協定以及與貿易相關的智慧財產權總協定等國際條約作為基礎。關稅暨貿易總協定規定與貨物的進出口相關的貿易問題，例如國家應該調降關稅、應減少補貼貨物或是不能對貨物進行數量限制等等；而服務暨貿易總協定規範了政府對於服務業不能有過度限制，並且應將外國業者與國內業者等同看待；最後的與貿易相關的智慧財產權總協定則是保護貨物附隨的智慧財產權，例如著作權、專利權等等。

WTO身為國際貿易的重要場域，掌管了許多貿易規則。成功的例子之一就是降低關稅了，會員加入WTO後必須要調降貨品的關稅，來讓其他國家的「同類產品」不因為關稅而提高成本、降低利潤。在保護主義高漲的時代裡，關稅被國家使用作為保護國內產品的方法，因為提高關稅後，外國進口產品的價格便會高於國內產品，導致進口產品的成本提高、競爭降低。WTO成立後延續關稅暨貿易總協定的成果，穩定關稅不調漲，讓國際間貨物流通便捷。

而這也是為什麼國家想要加入WTO成為會員的原因——**加入WTO後可**

以與其他國家都使用同一套遊戲規則，在處理國際貿易事務時相對地成本就會比較低，國家之間也因為在同一套遊戲規則之下，對彼此的產品接受程度高，可以促進國際貿易，就此來看WTO的確是非常成功的案例。

然而隨著時間演進，WTO所處理的事項也不僅限於貿易事項，更進一步著手討論人權、環境保護等相關議題。國際間近來有許多聲音出現，要求國際貿易法規在適用的同時也要顧及人權保障；而進行國際貿易時，也應適當考慮到環境保護的必要，不應該為了貿易而偏廢、損害了其他利益。

全世界最熱門的國際法庭在這裡

在WTO的架構之下，若是會員之間有貿易爭端的話，WTO也有爭端解決機制提供會員解決問題。WTO會員國在入會時必須簽署並批准「**爭端解決程序瞭解書**」，這份瞭解書中規定，會員國若有WTO法律爭端時，只能將問題提交到「WTO爭端解決中心」尋求解決，而中心會就每個訴訟案件成立個別的「爭端解決小組」（Panel），以裁決會員國間的法律爭端。

小組做成裁決後，國家還可以把案件上訴到上訴機構（Appellate Body）做最後的掙扎。若原告國獲得勝訴，爭端解決中心可以要求敗訴的違法國家立即修正違法行為，如果敗訴國不履行裁決，勝訴國可以要求爭端解決中心授權報復，透過對敗訴國的產品開徵不合於WTO規定的關稅、或是不履行WTO義務，來逼迫違法國修正其違法行為。**因為WTO爭端解決機制程序完整，而且提供了更為強大的執行判決機制，因此WTO爭端解決機制被認為是當今世上最有效的國際法庭**。

台灣於二〇〇一年底使用「台澎金馬個別關稅領域」加入WTO（不是以台灣的名義加入的喔），成為WTO第一百四十四個會員。加入WTO後，一開始碰到的問題就是要先將關稅調降，或是將國內產品與國外產品課徵相同的稅目。若讀者有印象，應該記得我國加入WTO後，米酒被其他國家要求必須比照蒸餾酒課稅，導致米酒價格大漲，但若現在偷偷觀察米酒價格，似乎都偷偷調降了呢！

台灣近來也曾在WTO爭端衝突解決機制中參與或進行訴訟，並且結果都還不錯。例如在二〇一五年一月時，台灣向WTO提出控告，主張加拿大對台灣的碳鋼焊管課徵的稅不符合規定，並且最後裁決結果指出加拿大的確違反規定。

此外，我國現任大法官羅昌發可是有擔任過WTO爭端解決機制的小組成員（簡單來說就是法官）喔！羅大法官當時擔任歐盟控訴巴西禁止進口翻新輪胎案，在台灣的法學界引起很大的討論，也提高了台灣在國際社會的能見度呢！

時至今日，WTO爭端解決機制是處理過最多案件的國際性法庭，從一九九四年成立至二〇一七年四月為止，已經處理過五百二十四件案例，成果豐碩，比位於荷蘭海牙的國際法院處理過的案例還多。

別說國際貿易法與你無關

國際貿易法其實影響我們生活深遠，從米酒的例子就可以看出來，一條法令的調動就會讓我們的生活大亂；除此之外，一個百分之一的關稅調漲也可能讓我國相關產業大大損失數百萬至上億元。國際貿易法雖然拘束的是國家而非個人，但它所帶來的影響巨大，可說是牽一髮而動全身，是不能輕以待之的課題。在全球化的今日，國際法可以說是個人不可脫勾的一部分了，關心國際社會也是關心自身的一種表現。

法律白話文
小學堂

WTO是「世界貿易組織」的縮寫，其所規範的《國際貿易法》，主要處理會員國的貨品、服務進出口以及相關智慧財產權問題，希望可以消除各個國家所設下的貿易障礙，特別是各國法令對於貿易所造成的不便。

而各國想要加入WTO的原因，無非是可以與其他會員國使用同一套遊戲規則，降低處理國際貿易事務的成本，促進國際貿易發展。當會員國間發生了貿易爭端時，可以透過WTO中的「爭端解決程序」來解決國與國間的貿易爭議。

什麼是國際法：國家和國家之間真的有法律嗎？

蔡孟翰

在一個國家當中，人與人之間若發生糾紛、或為了維護人群之間的秩序，必須有國內法將人與人之間的關係做規範；而由於國際社會日趨複雜，以及國際交往日益頻繁，若糾紛發生在國與國之間，同樣需要法律存在，以維護國際社會的秩序。由此可知，「國際法」就是國家間往來的規則，規範國家與國家之間權利與義務關係。

國際法像是棵很大的樹，有許多小分枝體系。例如劃定各國領海或專屬經濟區範圍的《海洋法》、世界貿易組織降低各國關稅的《國際貿易法》、各國減少排放廢棄物質的《國際環境法》、保護外國人投資的《國際投資法》，各個領域中都有國際法規範各國家的行為。

國際法的形成

在國內法體系下，國家有高於人民的權力，也因此可以制定人與人之間的法律；相較之下，**目前國際社會並沒有高於國家主權的「世界政府」存在，每一個主權國家仍然都保有一定自主的權力**。即便現在有聯合國，也沒有所謂的「國際立法院」存在，**無法略過國家的同意，直接制定對國家有拘束力的法律條文**。

因此國際法的形塑只能尋探國際法的「法源」，也就是法律的來源，作為國家行為的規範依據。**國際法最主要的法源包括條約、習慣和一般法律原則**。

人與人之間可以彼此簽契約，來作為彼此權利義務的約定；「條約」可以想像成國家之間所簽的契約，是兩個以上國家或國際法人（例如國際組織）所締結的任何國際書面約定。條約規定也是大家最熟悉的國際法，例如有關人權的《兩公約》、有關減少溫室氣體排放的《京都議定書》、乃至台灣和美國簽訂《牛肉議定書》等等。

「習慣」，是指即便沒有白紙黑字規定，但是大家長期都照著某個規矩行為，不這麼做就會被認為是不對的。**習慣必須經過國家明確且繼續地反覆實踐，並將這樣的內容視為具有法律意義的義務**。例如，世界各國都認為不可以虐待國民，並且長時間都不施行酷刑，如果某天有一國對國民施虐，就會被認為違反習慣法。

而「一般法律原則」，是**當條約或習慣都無法解決問題，可以從國內法律體系找出相似的原理原則來比照適用**。例如誠信原則、後法優於前法、特別法優於普通法等等。

國際法的效力

國際社會並**不像國內法有中央政府，也因此使國際法有時無法有效執行**。即便第二次世界大戰後有聯合國出現，但也沒有因此完全超越國家主權意志。所以如果一國沒有簽訂某個條約、或持續反對某個習慣，原則上就不受拘束，可見**國際法的拘束力通常還是依附在國家自願性上。**

雖然《聯合國憲章》第七章規定，安全理事會可基於國際和平目的對違法國家制裁，包括經濟或武力方式，但由於常任理事國常有不同意見、動用否決權杯葛安理會的決議，因此安理會時常無法有效做出制裁。如二〇一三年敘利亞內戰，美國認為敘國有使用化學武器而應出兵制裁，但安理會常務理事國中國和俄國不同意，因而無法有效做出制裁決議。這些狀況使國際法有時不能徹底實踐，被許多人詬病為「弱法」。

早期盛行的國際關係理論為現實主義，認為各國皆是以追求最大利益為出發點，國際社會政治考量勝過其他因素，因此忽視國際法的價值。

然而，**即便國際法有時無法有效實踐、有時被違反，卻不應否定其價值**。就像紅綠燈，有時候會被用路人無視、違反，但我們也不會因此否定紅綠燈存在的必要、認為紅綠燈沒有用；許多人仍願意犧牲自己等待紅燈的短暫不方便，換取自己長期在綠燈通行時的安全。國際法即是如此，當今國際社會的國際行為和國際法繁多，真正被違反的情況其實不多。大多國家仍願意遵守國際法，換作他國因遵守國際法而使自己國際法下的權利能夠受到保護。

國際法的規範對象

國際法主要是規範國家之間的法律，因此傳統國際法認為，只有「國家」才是國際法所規範的對象；換句話說，只有國家才是國際法的「主體」。但是國際社會的活動越趨活絡，使國際法適用的對象愈來愈廣。

例如國際組織的大量出現，被認定具有相當國際法地位，如《有關國家與國際組織及國際組織與國際組織間條約法公約》，即認為國際組織具有訂立條約的權利。

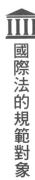

過去認定個人只是國際法下的客體，無法享有權利、負擔義務，但經過第二次世界大戰許多違反人倫的慘痛經驗，有國際人權法開始對個人權利進行保護、也有國際刑法出現，在發生如盧安達種族屠殺事件時，對指揮者進行處罰。

而**台灣**目前雖然未受多數國家承認是一個國家，無法參加聯合國，但是仍然是一個不隸屬於其他主權的獨立政治實體、在國際社會上走跳，因此**還是會在特定情況下享有國際法權利、有遵守國際法的義務**。例如台灣就以關稅實體為WTO會員，可以和對其他國家享有關稅上優惠的利益。所以即便台灣在國際社會有些侷限，但還是會遵守國際法的規範，也因此才會更容易獲得國際社會的認同喔。

國際法不像國內法一樣規範明確、執行效力高，但並不能否認國際法的存在以及各國遵守國際法的義務。就像一群小朋友一起玩遊戲，某一位不遵守遊戲規則，雖然未必能處罰他，但之後小朋友可能就不會再找他玩了~

法律白話文

小學堂

國際法是國家間往來的規則，規範國家與國家間的權利與義務。因為世界上還沒有一個高於各國家主權的「世界政府」存在，也沒有「國際立法院」來立國際法，因此國際法的形塑只能探尋國際法的「法源」，其依據包括了條約、習慣法、一般法律原則、判決及學說。

國際社會並沒有像國內法一樣有一個擁有主權的政府，使得國際法有時無法有效執行，即便是聯合國也無法超越國家主權意志（看北韓猖狂地發射飛彈就知道）。然而，即便國際法有時無法有效實踐、有時被違反，現今大多國家仍願意遵守國際法，作為他國因遵守國際法而使自己能夠在國際法下受到保護的成本，我們也不必因其有時無法有效執行而否定其價值。

國家有法律糾紛？別急！國際法庭來當和事佬！

李濬勳

人與人之間有法律上的糾紛，我們可以選擇透過法院來解決問題，無論是債務糾紛、或是刑事上的問題，甚至是路上被開罰單，我們都可以期待法院為我們做出一份公平的裁判。那麼國家與國家之間若有糾紛的話，是不是有類似的機構可以為國家處理問題呢？

你應該知道的國際法院

國際社會有鑑於國家之間的糾紛太多，又由於二次世界大戰過後國際社會強調和平解決爭端的聲浪大起，因此在國際社會共識之下，成立了「國際法院」，供國家作為解決紛爭的平台。

國際法院是在聯合國創設時就有的機關，它的前身是國際聯盟下的常設國際法院。**國際法院位於荷蘭的海牙，從聯合國憲章的內文可以得知，它屬於聯合國的六大主要機構、同時也是聯合國的主要司法機關。所有聯合國的會員國都必須成為國際法院的會員、發生爭端的時候可以選擇是否要提交給國際法院解決。**而國際法院的職務以及功能、人員組成都規定在國際法院規約之中。

國際法院的法官總共有十五位，法官由各會員國提名、並且由聯合國大會以及安全理事會投票後選任，透過地域性分配使世界各地都有法官代表，象徵著由國際社會一同參與國際司法審判。

每任法官任期為九年，法官於執行法院職務時會享有特權及豁免。在國際聯盟時期我國由於是會員，所以也派有法官參與其中，但由於我國退出聯合國，便無法再參與國際法院。

國際法院只接受國家之間的爭端，所以個人之間、或是公司之間的法律問題，國際法院都不會受理。另外，**國際法院不能強制介入國家的爭端，只有在國家「同意」的情況下，國際法院才能審理國家間的爭端。**

法院一旦下達判決後，**由於案件是由當事國同意所提交，也因此判決便對當事國之間有拘束力，當事國必須要履行法院下達的命令**，例如停止使用武力、釋放人質等等。若遇有當事國不履行判決內容時，則可以把這樣的情況提交給聯合國安全理事會處理，讓安理會透過決議命令履行判決。

雖然說國際法院的功能受到許多限制，但現今國際社會中使用國際法院解決爭端的情況仍然不少。例如美國好萊塢電影《亞果出任務》便是由真實事件改編。戲中搶救大使館人員的劇情，不知在戲院裡緊扣著多少人的心，美國也為了此事向國際法院提出控訴，因此有了一九八〇年美國控告伊朗的德黑蘭案了。

此外，「前南斯拉夫內戰」結束後，國際法院也為處理塞爾維亞的國家責任審理了數宗案件。但國際法院的審判對象只能是「國家」，因此判決所作成違法的對象，也只會是「國家」。所以在前南斯拉夫內戰中，國際法院最多只能宣告前南斯夫或是塞爾維亞等國家違反某某公約而已，無法就確切的個人（如總統或市長）宣布其行為違法，個人責任則是聯合國安理會決議成立前南斯拉夫國際刑事法庭。

台灣能透過國際法院當傳聲筒嗎？

雖然許多人對「國際法院」不太熟悉，但在關心台灣國際地位時仍然會想到國際法院。台灣由於國際地位較特殊，因此有許多人曾經主張要透過國際法院的幫助進入聯合國，這樣的說法到底可行嗎？

以客觀情況來說，台灣是沒有辦法透過國際法院加入聯合國的。最簡單的理由，就在於台灣沒辦法加入國際法院成為會員國。台灣地位特殊，無法單獨成為國際法院的會員國，當然也就沒有辦法利用國際法院來幫台灣處理這個麻煩事。

台灣雖然不是國際法院的會員，但還是和國際法院有些來往。二〇一四年前國際法院院長日本籍法官小和田，就曾經以私人名義來訪台灣大學以及東吳大學進行學術交流，小和田法官的來訪等於是聯合國的主要官員到訪台灣，因此在當時也引起我們政府的注意。

國際級的法院其實不只一個，但是名字不一樣

除了國際法院外，世界上還存有許多的國際性法庭、又或者稱之為國際性司法機構。如海洋法公約之下的海洋法法庭（ITLOS）、WTO爭端解決機構（DSB）、常設仲裁法院（PCA）；又例如區域性國際司法機構，歐盟法院（ECJ）、歐盟人權法院（ECHR）、非洲人權法院（ACHPR）、美洲間人權委員會（IA-CHR）；還有已完成任務的前南斯拉夫國際刑事法庭（ICTY）、盧安達國際刑事

法庭（ICTR）等。

一個國際性司法機構就是一個國際組織、或是一個國際組織的一部分。每個法院都會有自己的管轄規則、也會做出自己的判決、各個法院之間都不會互相隸屬，各自獨立、沒有層級關係。因此各法院之間也沒有審級的隸屬關係，國家可以選擇在海洋法法庭打完官司之後，再把爭端提交到國際法院。但WTO爭端解決機制有特別規定，因此WTO會員國針對WTO的法律爭端只能提交到WTO爭端解決機制處理、不能提到國際法院。

隨著爭端的多樣性，針對不同的爭端，國際社會也設計出許多不同的法院用以處理爭端。世界上不是只有一個國際性司法機構在處理國家間的爭端，所以當我們在講「國際法院」時，我們所指的是專有名詞、單一機構、聯合國之下的國際法院，並非指稱所有全世界的國際法院喔！所以下次討論到國際性司法機構時，記得其他國際司法機構我們仍然是用它們自己的名字去稱呼它們喔！

法律白話文
小學堂

國際性法庭有很多，以後在看到新聞媒體報導時，可別忘了要想一下，到底是哪一個國際性法庭，因為差一個法庭，訴訟程序以及適用的條約可是天差地遠的喔！至於透過國際法院來決定台灣的國際地位這件事，看完本篇文章後，想必讀者們也知道為什麼這是行不通的路了。生活在全球化的世界裡，我們除了關心國家大小事以外，可別忘了國際參與的第一步就是要先了解國際社會的脈動，而了解國際性法庭的分門別類也是一件很重要的事，至少下次看到新聞媒體時，你就不會再被媒體唬弄過去了。

是帶來和平的使者還是橫行無阻的流氓？談聯合國與人權理事會

李柏翰

我們習慣活在有政府管理眾人的社會裡，地方有地方政府，國家有中央政府，但如果把眼光放大到全世界呢？我們會發現：沒有任何政府機關可以治理整個世界（俗稱「無政府狀態」），也就是說人類的歷史發展至今，享有最高權威等級的政府組織是國家。

為了處理各類國際事務，國際社會成立了各種國際組織，其中聯合國是戰後最具有世界政府雛形的國際組織，因為它擁有最多的成員國，是目前各國推動多邊外交的主要場域之一。除了常出現在新聞裡的聯合國祕書長（行政長官）、大會（類比立法機關）、安理會（關於國際和平及安全的執法機關）和國際法院（國家間爭端的司法機關）外，本文將介紹職務逐漸吃重的人權理事會，以及聯合國家族是如何開枝散葉的。

力圖成為A咖的人權理事會

二〇〇六年，聯合國大會設立人權理事會，至今共有四十七個理事國，是專責促進並保障全球人權工作的機構。**人權理事會主要是以「會談」程序協商國際人權標準**、**解決棘手的人權侵害**，包括三大機制：普遍定期審查、諮詢委員會、申訴程序。其中最重要的是普遍定期審查，用以評估聯合國各成員國的人權狀況。諮詢委員會則像是理事會的智庫，提供特定主題的建議並協助調查。

人權理事會每年召開三次常會進行普遍定期審查，每次會期不僅審查各國人權報告，也可能任命特定人權問題特別報告員（或獨立專家），比如二〇一六年理事會任命了首位LGBT人權議題的獨立專家。如果有人權侵害或人道緊急事件發生也可能召開特別會，例如二〇一五年的蒲隆地大規模人權侵害。

至於申訴程序則是一項創舉，透過全球性的救濟程序，提供個人與組織向理事會提交人權侵害案件，請求調查並處置。這項機制著重於「當事人保密」與「及時回應」等原則，以避免政府怠惰或報復性追殺。不過如同許多其他國際組織，人權理事會也引來許多批評，因為很多侵害案件「懸而未決」。人權理事會長期運作的結果，也常讓人覺得是「人權大國在『教訓』人權小國」如何成為好的執政者，而這總不斷引發歐美文化帝國主義的疑慮。

此外，儘管前述的定期審查、申訴程序等大大提高了公民及社會團體參與人權事務的機會，然而與會的高成本不是所有草根團體能負荷的，而被政府「禁足」的激進組織，更不得其門而入。為了避免人權理事會淪為權力政治的場域，還是需要各國人民認真把關政府，畢竟**國際組織工作的正當性來自人民真實的憤怒**。只有「**由內而外**」**的監督**，才有可能逐漸實現自由平等的正義社會。至於人權理事會在這風雨飄搖的時代還能撐多久，大家都在看。

開枝散葉的聯合國家族

聯合國組織架構中有一個經社理事會，由五十四個理事國組成，主要職權在實現《憲章》中關於促進國際和平與增進人權發展的方針，因此經社理事會經常對其他組織進行網羅，建立聯合國家族。其中最重要的規定是《憲章》第五十七條，即「由各國政府間協定所成立之各種專門機關……依第六十三條規定與聯合國發生關係者」；而第六十三條就是經社理事會與其他國際組織「發生關係」的法律依據。

除上述憲章允許的法律關係外，理事會這幾十年來也透過其他「非憲章」的方式網羅其他機構，而由於這是體制外的慣例，因此能突破憲章要求「政府間國際組織」的限制。非憲章式的法律關係包括特定業務上的「合作組織」和補充聯合國職能的「相關組織」。

二〇一六年七月，聯合國大會作出一項決議將國際移民組織（IOM）納為聯合國的「相關組織」。儘管有些國際組織或論壇的成立，是為了瓜分或區隔聯合國而生，但不諱言，絕大部分的國際組織都會希望能分享到聯合國的資源，尤其是會員國的重視。聯合國在設計時就在《憲章》中，矢志「**成為協調國際行動的**

中心」，以「解決國際間經濟、社會、文化及人類福利性質等問題」。

因此IOM成為聯合國「相關組織」的法律意義是，兩個組織協商簽立一份雙邊協定產生法律關係。

兩個國際組織雖然締約了，但在法律上，仍分別保有依《聯合國憲章》與《國際移民組織章程》所形成的獨立人格，故不能因此說IOM變成聯合國的一部分。兩者只是決定在**關於人類遷徙**的事務上，**包括移民或因任何原因流離失所者之人權保障、難民安定等事務共同提供資訊與協助，或者幫助接收國發展安置計畫**。

進到聯合國家族最大的好處在於跨部會、跨領域的議題較容易得出一致的方針與戰略，不僅能建立組織在特定議題上的龍頭地位；從全球治理的角度來看，也能避免國際政策上的矛盾。

不過目前IOM關注的議題甚廣，與其他組織（例如國際勞工組織）亦有可能產生競爭關係，且對於組織自身的行政效率也可能造成影響，所以更緊密的合作能幫助不同組織間的事前協調，以免浪費資源。

聯合國的版圖究竟有多大呢？目前聯合國總共有十五個專門機構、四個相關組織和眾多計畫與基金。專門機構包括聯合國糧農組織、聯合國教科文組織、世界銀行集團、國際貨幣基金組織、國際民航組織、世界衛生組織、聯合國工業發展組織、世界智財組織、世界旅遊組織、世界氣象組織、國際海事組織，以及國際農業發展基金。其他亦包括比聯合國更老字號的國際電信聯盟、萬國郵政聯盟跟國際勞工組織。

像ＩＯＭ那樣「依協定而非憲章」的相關組織，包括國際原子能總署、世界貿易組織、全面禁止核試驗條約組織籌備委員會，和禁止化學武器組織。至於與聯合國有「合作關係」的國際機構就不勝枚舉了，特別值得一提的是具有司法權能的國際海洋法法庭及國際刑事法院都是獨立的國際組織；至於依《國際法院規約》建立的國際法院是聯合國本身的司法機關，不能搞混了！

法律白話文
小學堂

不論在國際關係或公共管理中，因為沒有世界政府，國際組織一直都是一門大學問，關於其定位和存在意義都有許多討論。各派說法中唯一的共識是其日益增加的重要性，對當代國際法的發展、國家主權、公民社會等都產生了深遠的影響。像聯合國這樣的巨型國際組織是否應表彰文化多元主義，抑或成為單一價值的傳聲筒，迄今爭論不休，而與「人權保障」相關事務更備受關注。

麥擱兩人權公約？國際人權法到兩公約

蔡孟翰

近年重大的刑事案件，只要法院未判處被告死刑，往往會招受輿論批評，或是登上新聞媒體版面，而「兩公約」屢屢會成為備受關注的標的。近年來兩公約受到不少國人批評，好像因為台灣簽了兩公約，做什麼判決都受到拘束，甚至也引發不少要求廢除兩公約施行法的聲浪。然而，兩公約究竟是什麼？說了什麼？為什麼重要？

什麼是國際人權法？

傳統國際法專門處理國與國之間的法律問題，而國家領域下的自然人（就是活生生的人），過去並非是國際法所關切的議題；至於公民的權利，則是每個國家的內部事項，透過國內法處理即可，與國際事務沒有關係。

直到第二次世界大戰後，使國際社會體悟到對人的保護不應該只侷限在國內層次，更應該超越各政府之上，才能突顯人權並非國家給予人民的恩惠。不過是否應該將人權項目列入國際法的條文中，其實在當時有很大爭論，各國擔憂若將國內的個人議題列入國際法之中，恐怕將傷害國家主權的最高性。

一九四五年聯合國成立，現今最主要的國際社會規約《聯合國憲章》中，前言開宗明義將人權保障作為國家共同的目標，然而，憲章前言及條文雖然都提及對個人權利的保障，但卻沒有更詳細地闡述「如何」保障。

一九四八年十二月十日，聯合國大會通過了《世界人權宣言》，這是第一份全球性的人權保障文件，這一天也被訂為「世界人權日」。不過《世界人權宣言》並非具有法律效力的條約，只是一個政治性的宣示指標，但也有不少學者認為世界人權宣言中的許多條文已經成為國際習慣法，而對國家有拘束力。

在一九六六年時，聯合國大會再通過**《公民與政治權利國際公約》**（**下稱「公**

政公約」）以及《經濟、社會及文化權利國際公約》（下稱「經社文公約」，將世界人權宣言的內容加以規範化，也就是大家常聽見的「**兩公約**」；個別內容分別說明資本主義國家所重視的公民、政治權利，以及社會主義國家所追求的經濟、社會、文化權利，而將這些權利分由兩個公約規範，或許更能提高各個國家簽訂的意願。

兩個公約至二〇一七年，各有一百六十九及一百六十五個締約國。兩公約的規範比起《世界人權宣言》更為詳盡，除了規定更具體的權利內涵外，還有程序性的規範。而**《世界人權宣言》和兩公約也被合稱之為「國際人權憲章」**。

除了兩公約，聯合國也有多部重要的國際性人權公約，例如《消除一切形式種族歧視國際公約》、《消除對婦女一切形式歧視公約》、《禁止酷刑公約》、《兒童權利公約》、《身心障礙者權利國際公約》等等，更針對常見人權受侵害的特定群體予以規範。

兩個公約有什麼差別呢？

公政公約強調公民、政治權利，防止國家高權侵害個人權利，國家應該消極地不侵害人權。權利內容例如生命權、人身自由、宗教信仰自由、遷徙自由、言論自由等等，這些權利國家原則上不應該干涉。

經社文公約則是經濟、社會、文化權利，也就是國家除了消極地不侵害人權外，還要積極提供人民良好的生活環境，才不會使人民沒有飯吃、沒辦法工作等。例如住房權、取得適當食物的權利、水權、工作權、健康權、受教育權等等。

由此可見，**公政權多數是要求國家「不要亂管」**，所以很多權利項目都是「××自由」，公約幾乎都會要求國家立即停止對人民侵害的行為；相較下，經社文權利大多是國家應該更積極打造適當的環境，但因涉及到國家資源的問題，部分規範並不會要求國家一步到位，而是要求國家循序漸進達到公約標準。

有憲法基本權的條文還不夠？還要簽人權公約！

不過既然都已經有國內憲法用來保障基本人權了，為什麼還要簽人權公約呢？其實國內的憲法有時對於人權的保障不周全，這時我們就只能寄望一個國際標準來檢驗是否國家已經盡到人權保障了。

國際人權規範並不是對各國的苛求，而是各個國家人權保障的最大公因數，也就是人權最基本、最低的標準，**設置一個高於國內法律的規範**，**可以要求國家依循普世的人權保障**。我國許多大法官解釋，都曾經援引國際人權公約作為憲法解釋的依據。

兩公約會限制國家自主性？

國際法很尊重國家的自主性，因此若是未經過國家的同意，原則上國際條約並不會對國家產生拘束力；**台灣在二〇〇九年批准了兩公約，主動宣示願意遵守兩公約的內容。因此我們自己、甚至國際社會，就會用兩公約的內容檢視國內是否有達到國際人權保障的水平**，就像我們參加某個社團，理所當然我們就要遵守組織的章程規定。

並且通過兩公約後，政府機關在運作上就有一定的限制，但是這些拘束其實都是為了保護人民的權利，限制國家不能為所欲為侵害人權。

兩公約就是廢死？別小看兩公約了！

兩公約內容如上所述，其所包括了很多人權。如果說到兩公約就只想到廢死，真的是把兩公約說小了。公政公約的確在生命權的條文中規定國家應逐步廢除死刑。不過除了廢死議題，近年來我國法院在適用兩公約的條文時，還常見於刑事判決中被告的訴訟權利、或是民事判決中名譽權、健康權等等。

台灣和兩公約的關係

依照一九六九年條約法公約，國家要成為條約的締約國必須要完成國家的簽署、國內的批准、國際機構的存放。中華民國其實早在一九六七年就簽署兩公約了，但在一九七一年我國在聯合國的代表權被中華人民共和國取代後，我國就一直沒有完成後續的條約程序。

在陳水扁總統時期，執政黨曾請求立法院批准公約，但最後由於沒有共識而胎死腹中；二〇〇九年，馬英九總統時期，終於順利通過兩公約的批准，但祕書處以我國並非聯合國的會員國而拒絕存放，以至於我國無法完成條約程序成為正式締約國。

即便如此，我國制定了《公民與政治權利國際公約及經濟社會文化權利國際公約施行法》，將**兩公約的內容予以國內法化**、**成為國內法律的一部分**，**可以由法院直接適用**。除了兩公約，我國又陸續制定了《消除對婦女一切形式歧視公約施行法》、《兒童權利公約施行法》及《身心障礙者權利公約施行法》，展現我國遵從國際人權規範的決心。

雖然我國並非正式的人權公約締約國，但是透過單方行為的方式表示遵從國際人權公約的意願，在國際、國內的層面上，都有一定的法律意義，以期待將國際人權標準體現在國內，讓台灣成為更保障人權的國度。

法律白話文
小學堂

在過去，國際法是規範國與國間的權利和義務，屬於國家下的「自然人」並非其關切的對象。自《聯合國憲章》將人權保障作為國家共同目標，引起世界各國開始關注人權後，聯合國大會通過了《世界人權宣言》，後來更通過了《公民與政治權利國際公約》，以及《經濟、社會及文化權利國際公約》，將世界人權宣言的內容加以規範化，也就是大家常聽見的「兩公約」，而世界人權宣言和兩公約也被合稱為「國際人權憲章」。

台灣雖然非正式人權公約的締約國，但透過單方行為，將兩公約以及其他國際人權公約的內容予以法制化，成為國內法律的一部分，表現我國遵守國際人權公約的意願。

國際人權法的核心原則與終極目標：消弭歧視

李柏翰

在國際人權法中，「不歧視」是跨越所有人權公約和相關政策的核心原則，即每個人對各種基本自由與人權之享有，都不得因特定分類方式而遭區別、排斥、限制或優惠，因而導致不同人（群）之間產生權力不對等、權利不平等的情況。歧視有許多面向，從直接到間接，從法律到社會等等。本文將以《性別平等教育法》與《愛滋感染者權益保障條例》出發，探討不歧視原則的內涵與目標。

「真友善」才是性／別平權的真諦

與性、性別有關的歧視或暴力事件總能引爆國內外的社會焦點，這個問題歷久不衰、尤其棘手。校園暴力不僅止於低落的性／別意識，更涵蓋了廣泛的權力落差與不平等的人際關係，彷彿不論法律如何良善，還是處理不好被眾人視為理所當然的偏見與刻板印象；然而人性本不惡，惡的是鋪天蓋地、耳濡目染的各種階級意識。

二〇〇〇年四月某個早晨，正在上課的葉永鋕舉手說要上廁所，但他就再也沒回來過了。據葉媽媽描述，這名「有點像女生」的少年從小就常遭同學「驗明正身」，在學校未積極介入的情況下，他不敢在下課時間單獨去上廁所。經過六年纏訟，法官最後認定死因是地板濕滑造成重心不穩，頭部撞擊地面，因此判決相關人員業務過失致死。玫瑰少年事件促使立法院於二〇〇四年通過《性別平等教育法》，希望以教育方式消除性別歧視，並要求各級機關和學校設置「性別平等教育委員會」，以對抗校園中與性、性別有關的暴力事件。

《性別平等教育法》規範了最嚴重到最輕微的狀況，包括性侵害、性騷擾、性霸凌，而這裡的「**性**」**包含一個人的性別特徵**、**性別氣質**、**性傾向或性別認同**。經過一連串社會運動，法律制度更加完備了（如通報系統），也提供個案救濟的方法，但二〇一一年十月某個傍晚，一名就讀鷺江國中的楊同學「因為娘娘腔被同學排擠」而跳樓自殺的消息再度震驚全台。過了十一年，法律搭出的防護網竟漏接了，眾人不禁追問：會不會有更多隱匿角落的個案？這個社會到底有沒有更友善？只靠立法能改變嗎？

法律帶來具有「強制性」的約束，或能解決部分問題，但從來都不會因為訂完法律就沒事了，因為法律始終有其「侷限性」。因此**《性別平等教育法》的重點還是在教育，而這也是不歧視原則的重要手段之一**。依《性別平等教育法》的立法目的，相較於事件發生後的處理與輔導，制度上建立一個安全健康的學習環境，保障學生受教權，以及資源不因性別差異而有不同待遇，才是正本清源之道。

事實上，自二〇一一年修法後，性／別教育逐漸偏重心理輔導與教育功能的重要性，也就是宜教不宜罰。即便如此，近幾年在實務上，傾向處罰的氛圍卻似乎越來越重，一來可能因為兒少保護的大旗下，沒有人承擔得起「怠忽職守」，反而讓教育現場的彈性空間相對緊縮。近年來保守勢力反撲，只怕「友善多元剩口號」會持續下去，直到下一起悲劇再發生。

IIII 最難解的疾病隱喻——愛滋歧視

二〇一六年的國防大學學生阿立（化名）因感染愛滋遭退學的事件引發軒然大波，從一九八六年的田啟元師大退學案到二〇一六年的國防大學案，這三十年來愛滋防治跟人權觀念在台灣並非完全沒有進展，但社會歧視問題仍然是台灣愛滋防治的最大阻礙——即性（傳染病）的污名化。

在台灣，愛滋感染者平等權的主要法源是《人類免疫缺乏病毒傳染防治及感染者權益保障條例》，是由一九九〇年公佈的《後天免疫缺乏症候群防治條例》於二〇〇七年時修正而來。修法主要緣於當時「關愛之家」遭再興社區驅逐的案件。新舊法最大差別在於新法**不僅是愛滋防治的衛生法，更是保障感染者權益的人權法**。

此外，我國已於二〇〇九年通過《公民與政治權利國際公約及經濟社會文化權利國際公約施行法》。該施行法是為了將國際人權規範國內法化，以健全國內的人權保障體系，然而在人權報告中，政府只輕描淡寫提到「對愛滋病毒感染者權益受損申訴機制已法制化」。事實上，主管《經濟社會文化權利國際公約》的委員會已就愛滋感染者的權益提過更多討論。

首先關於健康權，針對愛滋感染者，應提供安全且確實能取得的醫療服務，並滿足其基本健康需求。也就是說，國家應提供治療愛滋所需的基礎藥物，輔以易取得、完善且透明的健康資訊。**國家應去除會妨礙個人利用性健康服務的法律或政策，包括針對性傳染病的懲罰性措施**。

其次關於其他權利，例如住房權，國家有義務使愛滋感染者充分獲得適足的住房資源。又或者工作權，根據不歧視原則，在取得與保持就業方面，以健康狀況，如愛滋或其他性傳染病為由妨礙個人平等享有的工作機會，則構成歧視；以及社會保障權，人們面臨生活困境時，國家有義務確保個人尊嚴與生活水平，包括在不受歧視的情況下，取得或保有現金或其他形式之補助。

最後關於不歧視原則的一般適用，不歧視及公平待遇是人權公約中立即且整體性的義務，因此不允許任何藉口。國家應確保一個人的健康狀況不該妨礙人們實現人權，比如以保護公眾或個人健康為藉口，不合比例限制個人人權和基本自由，就可能構成歧視了。除了去除法規政策中的歧視外，國家應採取必要措施消弭生活中的歧視。基於被禁止的歧視性理由（好比性別、國籍、族裔等）而影響個人的自由與權利，都屬於歧視。所謂「被禁止的歧視理由」，各個人權公約中都有一項「其他身分」，也就是雖然沒有列舉到但保留解釋空間的其他原因。歧視的性質依環境和時間的變化而有所不同，因此需靈活對待「其他身分」的解釋，以便將那些不合理、不客觀，且與其他列舉情況類似的差別待遇也考慮進去，比如一個人的性別認同、性傾向，或身心健康情況等。

法律白話文小學堂

國家對於人民所承受的壓迫，都應給予救濟的機會，至少應對歷史上遭受偏見的弱勢群體給予特別關注。因此實踐上，政府應積極消除主流社會的誤解，而非製造恐懼。為了貫徹不歧視原則，除立法外，其實施狀況、社會大眾的反應、申訴管道暢通與否，也應在人權報告中被檢討，而不讓平等成為有名無實的空話。

那些年，被社會遺忘的難民和無國籍人

李柏翰

二〇一六年八月二十一日巴西奧運落幕了。當時國際奧委會從聯合國難民名單中選出十名體育健將組成了一支難民奧運代表隊；雖然最後沒有獲得任何獎牌，但也讓國際媒體聚焦在難民問題上。

難民究竟是什麼，是巴基斯坦大規模強行驅趕的阿富汗人，還是逃離緬甸和孟加拉而流離失所的羅興亞族？難民問題似乎離台灣很遙遠，其實不然。歷史上有很多消失於社會目光的逃難者；也曾有因台灣尷尬的國際地位，而成為難民的人。

被遺忘的難民法

在我國，難民和無國籍人是個長期被遺忘的議題，《難民法草案》躺在立法院十幾年，直到二〇一六年七月才通過內政委員會的初審；《國籍法》中關於歸化的規定又長得奇形怪狀，可是內政部又好像沒有要修法的意思。

儘管如此，我們卻很少思考：**誰是難民**、**什麼是無國籍狀態**、**誰有資格尋求庇護**、**誰又能取得居留或公民權呢**？遙望中東和歐洲的難民潮，以及世界各地的無國籍兒童，對長期困頓在冷戰陰影下的台灣人來說有什麼啟發和意義呢？從這一連串問題出發，讓我們一同思考當代國際法為何束手無策、而台灣又能扮演什麼角色？

國際法想像中的難民

早在一九四八年，《世界人權宣言》第十四條就規定，「**人人為了避免迫害，有權利在他國尋求並享受庇護**。」國家對於難民的保護義務主要依據兩大原則：一、不把人驅回迫害地。二、各國合作幫助落難者。聯合國於一九六六年十一月十八日通過了《關於難民地位公約議定書》，主要目的是修訂原來的《關於難民地位公約》，將難民定義範圍擴大。

公約原本守備範圍很小，只處理二戰所造成之歐洲地區內的難民，因此有其時間和空間上的限制。不過，儘管後來定義放寬了，仍有幾件值得注意的事：

（一）**只有「種族、宗教、國籍、社會團體、政治見解」才被視為迫害的正當理由**。因此因氣候變遷而面臨生存危機的島國「氣候難民」不被視為難民，比如紐西蘭最高法院當年駁回了吉里巴斯籍 IoaneTeitiota 的庇護申請案。

（二）難民可能是外國與無國籍人，因此**受困國內的人無法成為難民**。國際社會管他們叫「境內流離失所者」（如敘利亞、土耳其境內的庫德族），雖然聯合國難民署於一九九八年提出了《境內流離失所問題指導原則》，但欠缺法律效力，許多國家的政府視之如敝屣。

（三）在**沒有選擇而流離失所的情況下**，國家才有庇護義務。因此，同性戀者好不容易逃出恐同社會卻可能被打回票，如來自烏干達、塞內加爾和獅子山的同性戀者申請庇護時遭拒，荷蘭政府的理由竟是「那是可藉由隱藏而躲避壓迫的」。

由上面討論可以發現，在難民保護框架中，雖然各國被要求給予適當庇護——包括基本人權的滿足，但**實務上，因「難民認定」落在各國的權限中，除特殊情況聯合國難民署會適時介入外，能不能取得庇護仍是政治問題**。

無國籍人的例外存在

難民問題背後還有個更深遠的問題：國家主權與非本國人的人權，孰高孰低？非本國人包括外國人與「無國籍人」。二〇一五年有則新聞舉世矚目：因為部分歐盟國家並未履行《聯合國兒童權利公約》，使得不少敘利亞難民在歐洲出生的後代可能成為一整代的無國籍兒童。

根據敘利亞的國籍法，只有男性可以繼承公民身分。因此不少逃亡到歐洲的難民婦女，要是其丈夫死亡或失蹤，新生子女無法因母親獲得敘利亞國籍。這也不是特例，在緬甸和孟加拉，兩國政府也都不承認羅興亞穆斯林後裔的國籍。

關於個人取得國籍的方式，各國規定大不同，可能包括在某國領土上有出生紀錄、是另一個公民的後代，或也可通過與某國公民結婚後入籍；在該國居留達到規定時間後，或因其他特殊原因也可能入籍。無論如何，授予國籍這件事屬於各國的內政事務。

國籍作為一個民族或族群成員的標籤，是自己人或其他人辨識你的方法，而這也是為什麼《世界人權宣言》第十五條會把國籍視為人權。對失去國籍的人來說，就算幸運地找到暫時棲身處，仍可能享受不到許多專屬本國人才有的權利和福利，譬如合法工作、結婚公證、財產登記、投票、社會保險等。

目前有兩份國際公約關注無國籍問題，但批准數都很少，包括一九五四年的《關於無國籍人地位公約》和一九六一年的《減少無國籍狀態公約》，主要內容是要求人權與基本自由的「國民待遇原則」，但也間接承認了國際法可以例外允許一個人可能變成無國籍的狀態。

台灣歷史中的越界者

台灣的歷史長河中也出現過許多難民，比如一九五五年自浙江撤退的大陳義胞、一九七六年「仁德」及「海漂」專案接收的越南和中南半島難民。二〇一四年政府也曾以專案許可方式，讓二〇〇四年到二〇〇七年間抵達台灣並申請政治庇護的法輪功教徒和中國政治異議人士取得居留權。還有許多來自尼泊爾或印度的泰緬孤軍後裔和藏人，最後透過《入出國及移民法》和《國籍法》修法，可以在台安置。

在台灣，還有一群外籍移工的小孩，因為我國《國籍法》採「**屬人主義**」，因此他們無法取得我國國籍，卻同時因為其他因素也無法取得父母的母國國籍，導致一出生就成為滯留台灣的無國籍兒童。這些無國籍兒童或少年雖然可以依《兒童及少年福利與權益保障法》的規定，辦理戶籍登記或居留許可；但是《兒少法》的保障只到十八歲，因此甚至無法照顧他們到大學畢業。

此外，許多外籍配偶因為「**必須先放棄原本國籍才能繼續申請歸化**」的奇怪規定，而面臨等待期沒有國籍的弔詭現象；而要是因為離婚、喪偶或違反《國籍法》和《出入國及移民法》中其他規定（比如被認為品行不端正）而突然失去歸化、居留資格的人，更是無所適從、「誰都不是」。

除了「製造」無國籍人外，台灣也曾製造過性／別難民。比如二〇一二年取得台北醫學大學獎學金來台灣念書、原哥倫比亞籍的 **Eliana Rubashkyn**。他原是一名雙性人，出生時「被決定」為男性，在台求學時決定進行性別重置。正在接受荷爾蒙替代療法的他，因外型出現明顯轉變而被移民局要求更換護照。

由於哥倫比亞貿易推廣局已於二〇〇二年年底撤館，他只好在二〇一四年九月去了最近的駐香港領事館，但因外型與證件照不符而被拒絕承認哥國國籍。當時由於台灣沒有難民法、香港沒批准難民公約的情況下，他被拘留多時卻求助無門。所幸聯合國難民署介入，幫助他取得難民資格並獲紐西蘭接受取得居留權。一場想來簡單的換護照之旅，讓他一夕間失去國籍、學位和尊嚴。這起事件提醒了我們《難民法》的重要性，**而且難民認定只包含種族、宗教、國籍等判斷要件**

顯然不足。根據目前《難民法草案》的規定，雖然考慮到了氣候難民的情況，但仍然不包括性／別難民的適用。

自一九七〇年代以降，台灣一直處於國際社會與國際法的「例外狀態」，而當我們看透人權保障與世界和平掌握在一群力不從心的國家手中時，台灣應更積極參與相關救助工作上——至少不要再製造難民與無國籍人，也不要總想以個案方式處理，而立《難民法》和修《國籍法》是跨出去的第一步。

法律白話文
小學堂

要釐清一件事：難民不等於無國籍人。某些人在受到迫害的過程中被剝奪了國籍，隨後在逃亡中才成了難民；或是由於逃亡而被處以剝奪國籍的懲罰；也有很多人自出生就無國籍，或是在尚未完全歸化前被要求放棄國籍。也就是說，有的無國籍人從未需要浪跡天涯，而也有許多難民始終沒有失去國籍。

美國人居然沒辦法「親自」選出下任總統？

劉珞亦

二〇一六年美國第五十八屆總統選舉，現任美國總統川普以跌破眾人眼鏡之姿擊敗對手希拉蕊，成為令全世界「頭疼不已」的美國總統。然而，因美國特殊的選舉制度，使得希拉蕊在總得票率上贏過川普，也就是說，若不是因為美國的「選舉人制度」，這次很有可能是希拉蕊當選，使美國的選舉制度再一次受到關注。

真的不是親自選出？

美國和台灣習慣的由選民直接選出總統不同，是採取所謂的「選舉人制度」，由各州的「選舉人」來決定投給哪一位總統，而非以選民票票等值的方式進行。

台灣在總統大選時，候選人在選舉中獲得「比較多」的選票，就是獲勝，如

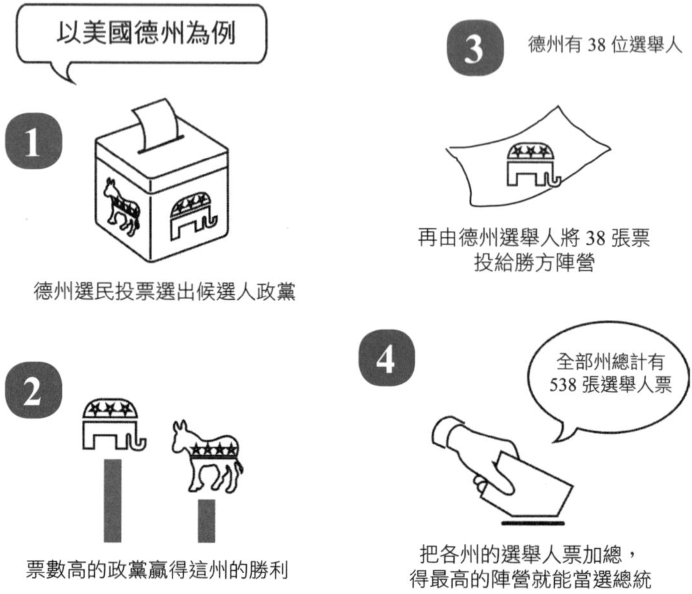
以美國德州為例
1
德州選民投票選出候選人政黨
2
票數高的政黨贏得這州的勝利
3
德州有 38 位選舉人
再由德州選舉人將 38 張票
投給勝方陣營
4
全部州總計有
538 張選舉人票
把各州的選舉人票加總，
得最高的陣營就能當選總統

蔡英文在全台灣拿下最高票，因此當選我國總統；但美國不是，雖然每一州的每一個選民都還是要出來投票，最終仍可算出全美國各總統人的得票數和得票率，但美國並不是以這項數據來決定誰當選總統，而是**哪一黨在那一州獲勝，就可以拿下該州所有的「選舉人」票**，該州輸的候選人，則一張選舉人票也拿不到，而最後只要**哪一個候選人拿超過兩百七十張選舉人票，就確定贏得總統大選**。

舉例來說，德州目前有三十八張的選舉人票，實際上德州的每一位公民還是要去投票，假設在德州這邊共和黨的支持票比較多（假想是川普在德州贏了希拉蕊），那就代表共和黨在這邊直接拿下三十八張選舉人票，民主黨一票都拿不到。以此類推，選舉人票加總超過兩百七十票的就可以宣布拿下總統，最後也是由各州的選舉人投下總統選票。

美國幾乎每一州都是採「贏者全拿」的模式，但有兩個州例外，緬因州（Maine）和內布拉斯加州（Nebraska），是採所謂的「區域計票制」。以緬因州為例，緬因州有四張選舉人票，其中有兩張給拿下全州而獲勝的候選人，另外兩張，則依據當地所劃分的選區來決定；因緬因州有兩個眾議員，所以有兩個選區，則再依據那兩個選區結果分配剩下兩票。

為什麼要採取這樣的制度？

當初美國在討論總統選舉制度時，討論過四個方案：一、由各州州長選一個人；二、由國會裡面選一個人；三、全民直選；四、選舉人制度。美國當初建國時，就是以三權分立為基底，希望權力分散可以達成平衡，因此這也體現在總統選舉的制度上面。若讓各州州長選一個讓該州權力過大，有違共和國原則；國會裡面選一個人，也違反三權分立，過度讓立法權掌握行政權；而全民直選也被剔除的原因是因爲美國人認為，當「總統」（行政權）及「國會」（立法權）都是全民直選，那**基本上都是反應同一批人的意志**，根本就是行政立法的結合，也有違三權分立的可能性。

因此最後就採取「**選舉人制度**」，一方面行政權可以以「州」為單位，和立法權的制度做出區別，符合當初所想要的「聯邦體制」；另一方面，透過選舉人制度的人數安排，可以平衡各州的人口差距，使得小州不至於被邊緣。

我是選舉人，沒有依照大家的選舉結果來投票會怎麼樣？

這樣的行為被稱為「失信的選舉人」。歷史上總共出現了一百五十八次，有七十一人是因為投票前死亡，有兩人為棄權，而剩下有八十五人則是因為各種原

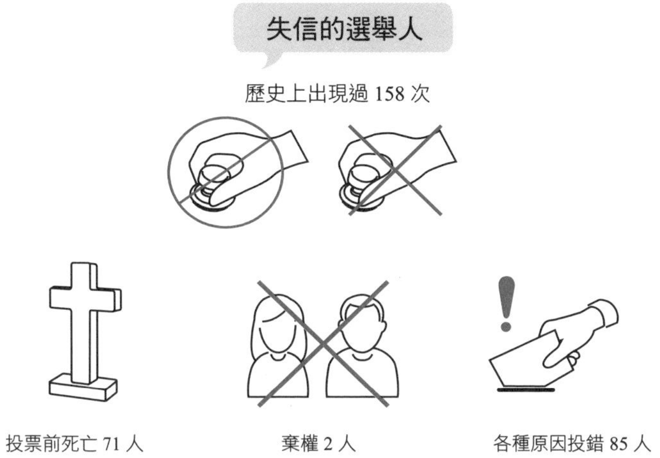
失信的選舉人
歷史上出現過 158 次
投票前死亡 71 人
棄權 2 人
各種原因投錯 85 人

因把票投給另外一個候選人。可能是因為個人政治立場的關係，也有可能是蓋錯，但因為目前為止都沒有改變選舉結果，所以也沒有產生任何法律問題。而在二〇一六年的選舉中，發生史上最多失信的選舉人狀態，總共有七個失信的選舉人！但**因為這些失信的選舉人並沒有影響選舉結果，因此沒有檢討選舉人制度的聲音出現。**

選舉得票數是我贏，但因為選舉人制度輸了怎麼辦？

這樣的情況就是在要是選舉得票數我比較高，但因為在選舉人的制度底下，我選舉人票拿的比較低，這時該怎麼辦？別以為這不會發生，歷史上就曾發生過五次！

最有爭議的一次發生在二〇〇〇年，當時由共和黨的小布希對上民主黨的高爾，最後的選舉結果高爾在得票數上贏過小布希，不服氣的高爾選擇提出訴訟，要求法院重新計票，成為歷史上有名的 **Bush v Gore** 判決！但最後因為選舉人票還是輸給了小布希，高爾選擇尊重憲法以及最高法院的判決，認輸這場選舉，優雅地結束這場戰役。

而在二〇一六年，川普和希拉蕊也發生了史上第五次的情況！希拉蕊實際上比川普多得將近三百萬票，但川普在選舉人票大幅勝出。因爲這次在選舉人票上差距大，較無爭議，川普直接贏得選舉。

何謂搖擺州？誰又是搖擺州？

美國和台灣一樣，也是有些州死忠支持某些黨，也有一些州會在每一次選舉中做出不一樣的選擇，這種現象稱為「搖擺州」。而正因為美國採取「**贏者全拿**」，所以候選人有時候會選擇直接放棄弱勢州，反正輸一票等同於全輸，不如把力氣

搖擺州

有些州會在每次選舉中做出不一樣的選擇

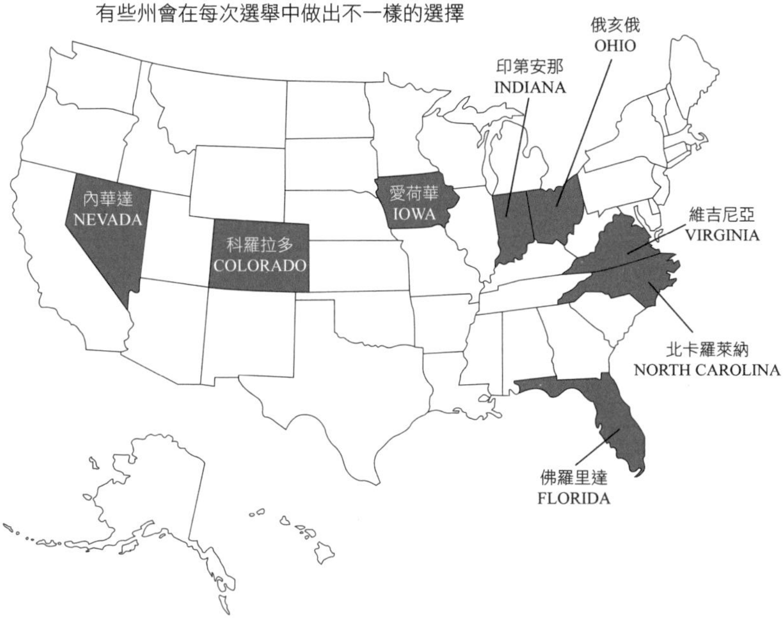

花在搖擺州上面比較有效率，**搖擺州也因此反而最受到候選人青睞**！

俄亥俄州是美國總統選舉中最為有趣的州，因為它根本就是每一次總統選舉的風向球。俄亥俄州自從一九六四年來，每一次哪一黨拿下俄亥俄州，最後就會贏得那場選舉，所以**每逢總統大選，俄亥俄州都是美國兩大黨積極爭取的對象**。

二〇一六年的選舉，俄亥

俄州果真從過去八年支持民主黨轉向支持共和黨，川普獲勝，俄亥俄州繼續當章魚哥！

台灣人喜歡保持中立，但美國人喜歡宣布自己支持的對象？

是的！例如著名的《紐約時報》在這次宣布支持民主黨的希拉蕊，相對地，著名的福斯（FOX）電視台則是明顯地支持共和黨。且媒體的支持從一九九二年開始也出現分水嶺，在一九九二年之前媒體大多支持共和黨，之後大多媒體比較傾向支持民主黨。媒體甚至會支持特定的候選人，著名的美國保守派雜誌《國家評論》，每次都會宣布

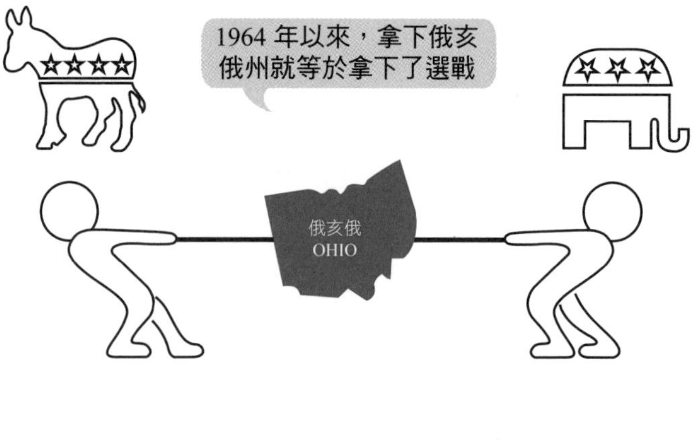
1964 年以來，拿下俄亥
俄州就等於拿下了選戰
俄亥俄
OHIO

紐約時報迄今的支持陣營

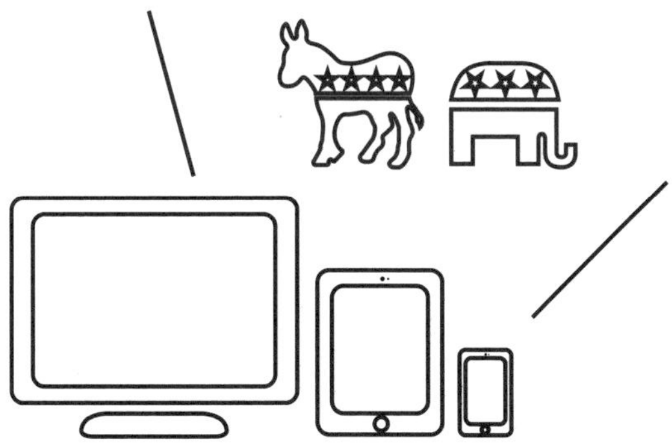

美國的媒體會有支持的政黨，因為他們認為政治是一種公共參與，媒體有義務將他們集體的共同智慧呈現於讀者前。

特定的候選人，例如在二〇一六年選舉中宣布支持共和黨籍的泰德克魯斯（Ted Cruz）。

相較於我國媒體對政治比較含蓄，美國的媒體之所以會有支持的政黨，理由在於**他們認為政治就是公共參與，媒體不僅不能置身事外，將集體共同智慧呈現於讀者前，更是媒體的義務**，因此美國媒體並不怯於公開立場呢！

和新聞媒體相較，台灣的演藝圈更是保持中立甚至是比較保守，「政治歸政治」的想法在台灣是清晰的。但在美國政治和演藝的界線是模糊的，美國的藝人會很明確表態自己所支持的對象。

而**美國的演藝圈也因自由開放及對於人權議題的關注，所以大多的藝人比較傾向支持民主黨**，相較之下共和黨比較少得到演藝圈支持，但也不是沒有，在一九八〇年代共和黨籍的美國總統雷根，在當總統前就是一位演員；而前加州州長阿諾史瓦辛格，也屬於共和黨。這次川普的當選，好萊塢在各種場合也都有各

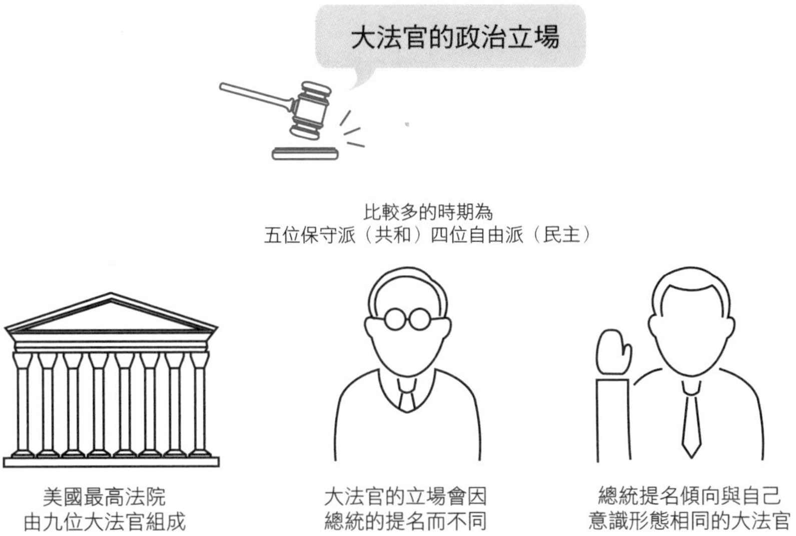
大法官的政治立場
比較多的時期為
五位保守派（共和）四位自由派（民主）
美國最高法院
由九位大法官組成
大法官的立場會因
總統的提名而不同
總統提名傾向與自己
意識形態相同的大法官

種聲音出現。

連最高法院的法官都表態？

美國的最高法院（如同我們的司法院），是由九位大法官組成，皆來自於總統提名、國會同意，所以總統一定都會提名傾向自己意識形態的大法官。如共和黨大多會提名保守派，民主黨則會提名自由派，而這也是美國兩黨最大意識形態的差別。近年來美國大多時期是五位比較偏向保守派，四位偏向自由派（當然這樣的分類不至於精準），所以大家也可以猜到，那五位就是共和黨所提名，另外四位就是民主黨提名的，因此這樣的立場可能也會透露出他們支持的總統，雖然他們並不會真的公開表態。

法律白話文
小學堂

台灣從第一次總統大選到現在不過才二十年，和美國至今兩百多年是不能比擬的，當他們針對意識形態做辯論，議題的支持與否是用個人堅持的價值來區分時，我們可能還停留在用國族認同來區分政黨，甚至把價值認同的「意識形態」當作負面用語，導致對議題討論時出發的角度模糊，只能較依賴政黨做依據。不過，隨著民主發展的成熟，當越來越多人知道政治參與並非和過去的威權時代一樣肅殺，而是和生活中的每件事息息相關時，相信我們的民主成熟度一定會越來越好！

本篇繪圖／梁瑜庭

女媧自行補天，國家自行造陸，哪個比較過分？

李濬勳

講到海洋，不管你耳邊響起的是陳盈潔的「海海人生」、五月天的「人生海海」，還是八點檔裡總不免豪門深深深似海，海洋的爭端廣大莫測也變化萬千，隨著時代的進步，爭端也有所不同。

海洋自古以來都是各國想要極力爭取權力的場域，就算到了近代，海洋的紛爭也沒有因此減少。中國與菲律賓近來在南海的爭奪戰中吵得不可開交（喂喂喂！不能忘記我們中華民國在台灣的主張ＲＲＲ）、除此之外還有許多紛爭與海洋有關。

海海人生吵不停

科技越趨進步後，各國開始把歪腦筋動到擴張領土了：「如果能把海填平變成陸地，這樣能使用的資源不是更多了嗎？」

近來最廣為人知的例子就是**中國大陸在南海群島的永暑礁上填海造陸**，進而引發鄰近的東南亞國家抗議；除此之外，像是香港的赤鱲角機場以及大家熟悉的旅遊景點：杜拜棕櫚島，都是透過填海造陸達成的。

除此之外，新加坡因為國土狹小，更是直接利用填海造陸來擴大國土；但此舉搞得隔壁的馬來西亞很不爽，認為新加坡破壞了自己的航行權益（畢竟海洋變成陸地就無法航行了），因此兩國曾經為了這件事告上國際法院而對簿公堂。

到底國際法對於填海造陸有沒有規定？國際法容忍國家這樣透過填海造陸擴大自己的領土嗎？

朕不給你不能搶

聯合國一九八二年《海洋法公約》是當代最具權威性的國際海洋法法律文件，只要討論到國際海洋法，基本上都要先翻翻它、看它怎麼規定。可惜的是，一九八二年《海洋法公約》對於「填海造陸」這件事並沒有明文規定禁止，因此我們只能從其他條文旁敲側擊，透過解釋、理解的方式來得知填海造陸是否有違法的可能。

先講結論：**填海造陸本身是沒有違反國際法的**，只是國家若是在領海的範圍內填海造陸的話，對於人工建設的陸地仍然擁有完整國家主權可以行使；但若是在超過領海的範圍內填海造陸的話，國家對陸地的主權就會有違法的可能。

根據國際海洋法，**國家只能依據自然形成的陸地主張海洋權利，所以事後國家再怎麼加工、再怎麼擴充自己的陸地範圍，都沒有辦法因此擴大自己的海洋權利**。

而填海造陸是指以原先的陸地為依據，再透過挖土填沙、填充陸地或是建造建物的方式將海平面填起來，因此填海造陸一定是人工行為，而不是自然形成的陸地，不能據以主張海洋權利。

填海造陸不違法，但也不會讓國家獲得不該獲得的權利。國家仍然只會擁有原本就有的權利，不會因為造了新的陸地，就能使自己國家主權有所擴張。例如新加坡雖然現今國土比過去大了快四分之一，但新加坡的領海、專屬經濟區仍然沒有因此往外擴張。

其實不僅僅是新加坡，台灣在西部沿海或是工業區，也有一些區域是透過填海的方式建造陸地的，例如新竹的海埔新生地、高雄港洲際貨櫃中心、台北港；甚至是日治時期，日本人也在基隆八斗子附近進行填海造陸。但這些填海工程不管怎麼處理，台灣的領海仍然就是相同的大小，並沒有因此增加。

然而為何《海洋法公約》並沒有對於填海造陸的行為進行規範呢？回溯到一九八二年公約談判時，當時填海造陸仍然是一種高技術、高成本的工程，幾乎沒有國家有技術填海造陸，少數填海造陸的例子規模也不大、沒有造成任何問題，因此《海洋法公約》沒有處理填海造陸問題。

然而時至今日，填海造陸已經對國際社會帶來爭議。中國在南海數個岩礁上進行填海造陸，讓越南與菲律賓為此感到十分頭痛，也讓南海情勢更加撲朔迷離。

合法也不可以得寸進尺

填海造陸行為本身並不會違反國際法，然而**若填海造陸的行為侵犯了別的國家的權利，仍有可能受到其他國家的譴責**。例如新加坡二〇〇三年時在柔佛海峽填海造陸的行為，便被馬來西亞主張侵犯馬國的權利。所以填海造陸雖然可行，還是要注意其他國家的權利。

從上述看來，填海造陸其實不是什麼可議的事。然而中國在南海填海造陸的行為，引起這麼大的風波主要是因為南海諸島的主權沒有確定。在主權尚未確定的情況下，中國就大興土木在島上填海造陸，自然會引起周邊的國家，例如馬來西亞、菲律賓、越南大肆批評。而南海的問題相當複雜，在這裡我們就點到為止。

暗潮洶湧的國際社會

雖然目前的結論是填海造陸基本上沒有違反海洋法規定，但法律未來會如何發展，仍然有待觀察。日後填海造陸是否會被強權影響，成為一種合法擴張國家主權的方式？又或是成為國際社會譴責的不法行為？在目前沒有明文的模糊情況下，一切都要待國際社會的接受度才能窺知一二。

不論如何，在法言法，如果國際法沒有禁止即允許，填海造陸的行為自可說是合法行為。只要在不侵犯到別國的權利、不損害他國使用海洋的情況下，完全是可以接受的一件事。只要國際法不禁止的行為，國家都可以做、都沒有違法的問題。

法律白話文小學堂

台灣也有許多填海造陸的例子，而這些填海所造出來的陸地在國際法之下到底怎麼被評價，就是這篇文章想要告訴大家的事。結論是在領海範圍內填海造陸的話，都是沒有問題的喔！下次若有機會去新加坡走走，可以看一下他們國家的填海工程，你會發現：其實《國際海洋法》可是與我們息息相關的，到海邊玩的時候，是不是也會用一種新的觀點看待海洋呢？

住在四面環海的台灣，必須略懂略懂的海洋法

李濬勳

「海洋」這個詞各位一定不陌生，從電視上的《北海小英雄》到鄭和下西洋（不過我想大家更熟悉的應該是航海王！？），乃至最近幾年新聞不斷重播的南海爭議，從歷史課本中我們也能經常讀到過去人類在海上的活動。不過，在這一望無際的大海上也有法律規範嗎？海洋法是在什麼時候設立的呢？

規定海洋如何使用的法律——海洋法

本公約締約各國認識到有需要通過本公約，在為海洋建立一種法律秩序，以便利國際交通和促進海洋的和平用途，海洋資源的公平而有效的利用，海洋生物資源的養護以及研究，保護和保全海洋環境。

海洋是近代歷史中發覺各國透過武力不斷擴張海域範圍，才開始有國家意識

到海洋使用應該有一套制度來規範，而不是容許各國透過軍事力量來擴充自己的國家領域。

海洋法最初的明文化規定，是一九五六年第一次聯合國海洋法會議提出的四項公約，這四個公約是透過聯合國的國際法委員會負責起草撰寫的：《領海及毗連區公約》、《大陸棚公約》、《公海公約》與《捕魚及養護公海生物資源公約》。

這四個公約在一九五八年時開放簽署，規範了當時海洋的使用範圍及方式，然而**這四項公約規範的內容並不明確**，因此衍生了許多問題。例如領海及毗連區公約雖然有領海的規定，但卻沒有說明領海的寬度，導致有國家主張三浬、有國家主張十二浬。如此沒有秩序的情況，也造就了聯合國《海洋法公約》的需求與生成。

有鑒於四項公約無法完整規範海洋使用的秩序，各國遂於一九七三年第三次聯合國海洋法會議中提出制定一套新的公約，用以涵蓋一九五八年的四公約，並且更全面地規範海洋使用。重新整修過的公約，演變成一九八二年《聯合國海洋法公約》，其內容除了四公約所規範的內容外，更明確地界定了領海的範圍，以及許多新概念，例如大陸棚、專屬經濟區等，該公約也在一九九四年時正式生效。

就此，現代海洋法已算是大功告成，海洋法的主要思想是有陸地斯有海域，因此首先要劃出沿海基線，從基線向外延伸若干距離，都是沿海國可以享有的海域。另外，在水體的部分，**領海的範圍是十二浬、再往外十二浬是毗連區、再往外一百七十六浬則為專屬經濟區、再往外則為公海**；而陸地的部分，**從陸地往外最遠不超過三百五十浬則為沿海國的大陸棚、再向外沿伸則為深海床區域**。大陸棚上方同時會覆蓋著毗連區以及專屬經濟區。

專屬經濟區對沿海國而言是非常重要的漁場。**沿海國對於專屬經濟區內的經濟利益有專屬的權利**，也就是說，只有沿海國才能捕撈採集專屬經濟區內的漁獲、其他國家若要來捕漁，則必須要得到沿海國的同意。對此，我國的專屬經濟海域及大陸礁層法都有規定；除此之外，我國對於專屬經濟區也有海洋科學研究的專屬權利、開發專屬經濟區的底土，也可以在該海域上建設人工島嶼。

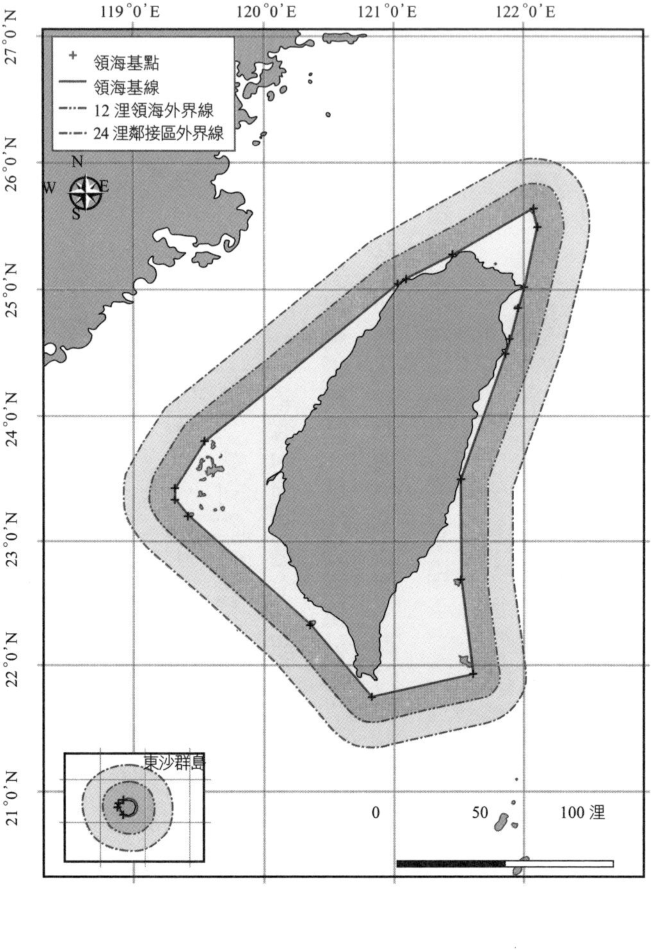
119°0'E
120°0'E
121°0'E
122°0'E
27°0'N
26°0'N
25°0'N
24°0'N
23°0'N
22°0'N
21°0'N
領海基點
領海基線
12 浬領海外界線
24 浬鄰接區外界線
N
W
E
S
東沙群島
0
50
100 浬

台灣雖然沒有成為聯合國《海洋法公約》的締約國，但仍然遵守公約的規定。台灣以「正常基線」、「混合直線基線」的方式劃定「**基線**」，稱之為混合基線。像右圖中所看到的咖啡色區域就是**基線**以外所含括的海域，稱之為「**內水**」，我們國家對於內水有完整的主權可以行使，一般而言**外國船**是不能隨意駛入內水的。而基線往外再延伸**十二海浬**（**約二十二點二二公里**），也就是右圖中的灰色區域，就是我們常常聽到的「**領海**」啦。擁有領海的國家，對於領海通常可以行使大部分的主權，只是在某些情況下為了顧及船隻的航行便利，會開放外國商船通行的自由。

而**領海**再往外劃十二海浬就是所謂的**鄰接區**，鄰接區的功能是作為領海的緩衝。在緩衝區內，國家對於鄰接區的權利少了許多，只能行使**海關**、**財政**、**移民**以及**衛生相關**事由的主權。

最後，我們再回到**基線**，從基線出發延伸**兩百海浬**的範圍，國家可以主張**專**

屬經濟區。在此範圍內的權利大部分都與**經濟發展**有關，專屬經濟區內的**漁獲**都是專屬於沿海國的，也因此，大部分國家都會主張專屬經濟區以保護本國漁民的**捕漁權利**，也就是我們耳熟能詳的**經濟海域**囉。

我國的專屬經濟區範圍

中華民國之專屬經濟區海域為鄰接領海外側至距離領海基線二百浬間之海域。

漁業對於我國是非常重要的產業。在專屬經濟區內捕魚，一般稱之為「沿近海漁業」，台灣的沿近海漁業每年約可達二十萬到二十五萬噸的捕獲量、年產值大約為一百八十億新台幣。主要捕獲魚類為鯖魚、鬼頭刀、鯛魚、鯧魚、白帶魚、螃蟹、蝦類及鮪魚。除此之外，近來我國在東部海域開發的深層海水，也是屬於專屬經濟區的資源。

由於專屬經濟區的經濟價值豐厚，各沿海國皆為了經濟發展劃出自己的海域圖。然而**我國行政院只釋出了領海以及護漁界限的海域圖，並沒有將我國所主張的專屬經濟區畫出來，只有於法條上宣告我國的專屬經濟區為二百浬**。

專屬經濟區的「專屬權利」只限於漁獲、建造人工島嶼、海洋科學研究以及開發底土，其他例如海上航行、空中航行等權利，沿海國都沒有專屬排他的權利。這樣的情況與領海不同，國家針對自己的領海，原則上是有完整、不受限的主權管轄範圍。

我國的專屬經濟區範圍與《海洋法公約》所規定之內容相同，也就是二百浬的範圍。但由於我國四周緊鄰許多國家，例如菲律賓以及日本，因此實際上無法實質擁有二百浬的專屬經濟區。在與各國協商後我國行政院農委會所公佈的政府護漁標準作業流程中，將我國的護漁區限定如下圖：

台灣外圍的咖啡色實線為我國的基線，基線向外十二浬為我國的領海、基線往外二十四浬為我國的毗連區、基線往外兩百浬則為我國的專屬經濟區。因此咖

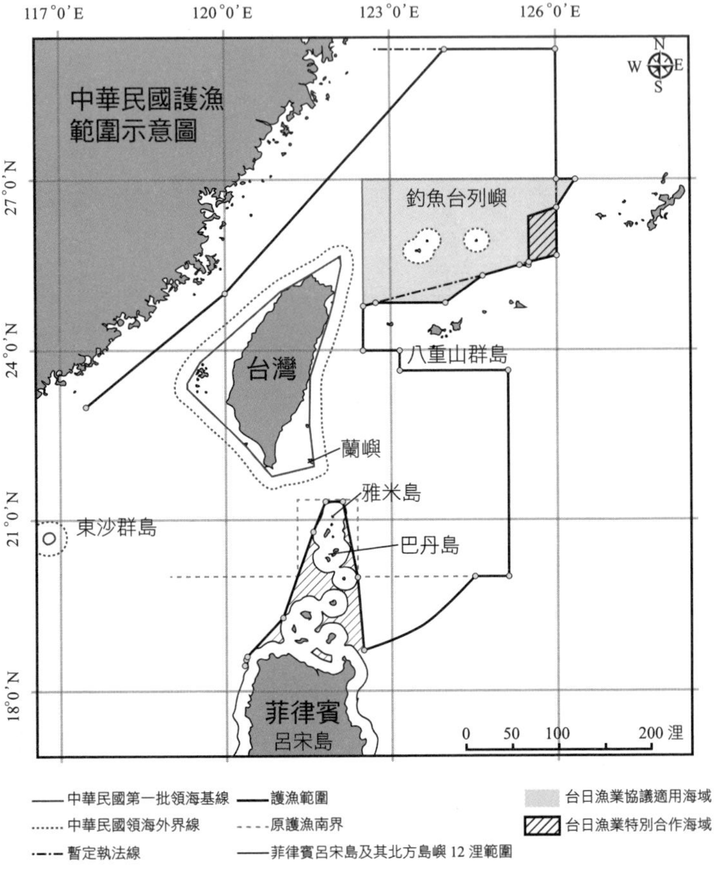

啡色實線往外的十二浬處就是我國的領海範圍，至於專屬經濟區於法律上我國仍然主張兩百浬寬的範圍為我國專屬經濟區，但實際上考量菲律賓與日本等國的利益，以及我國漁民捕漁的範圍，最後劃出了護漁界限。

圖中左邊台灣海峽的部分，由海峽中線作為我國對中國護漁的界限；而巴士海峽的部分則是與菲律賓政府協商後所得到的護漁南界；而太平洋海域以及東海海域則是與日本政府協商後所得到的護漁界限。

護漁界限並不是我國的專屬經濟區界限，這條界限只是用以聲明我國公務漁船執法的界限而已。雖然我國官方仍然沒有釋出專屬經濟區的海域圖，然而根據我國專屬經濟海域及大陸礁層法，我國的專屬經濟區仍然是以兩百浬為界限。

深深太平洋裡不要傷心

浩瀚的海洋其實對於沿海國是非常重要的資產，無論是漁獲、航運、礦物開採或是科學研發，海洋都佔有相當重要的地位。台灣雖然四面環海，但人民對海洋的了解卻非常少，只有在新聞播送釣魚台或是南海爭議時，我們的好奇心才會稍稍升起；台灣雖然是漁業大國，但人民對於漁業資源的認識也非常貧乏，鮮少人知道我國遠洋漁業實力之強大，讓國際社會不得不關注我們。

此外，台灣人對於國際時事的理解，都止於「誰的拳頭比誰大」，卻不知道國際法治也佔有非常重要的地位。海洋法在國際社群裡是古老且重要的制度，要參與國際就勢必得熟稔這套制度。身為台灣人，你不可不知海洋法的重要性喔！

法律白話文 小學堂

許多台灣人靠海生活，台灣的漁獲也是世界數一數二地多。生活在台灣，我們應該要正視台灣在海洋上的權利及義務。許多讀者可能想不到，海洋竟然有一個法律制度在管理，除了我們常常聽到的公海以外，其實一切的權利義務都是從基線開始起算。下次讀者們看到日月潭時應該就能清楚的說出「啊，這是內水～」、到墾丁南灣時就可以喊出「哎呀基線十二浬以外開始都是我們的領海」這類的話，雖然有點書呆，但能夠與別人提出不同的觀點，也是一件很有趣的事唷！

本篇繪圖／陸承愛

part 5

產經

江湖討生活——法律懂一點，糾紛少一點

對抗無良老闆要團結！工會怎麼保護勞工？

劉時宇

桃園空服員職業工會的會員，成為第一個合法取得罷工權且成功罷工的案例。除了成功爭取到更好的勞動條件外，也為台灣的勞動史寫下了新的一頁。但是你知道什麼是工會嗎？為什麼不是每個公司都有工會？有沒有工會有什麼差別？相信大家對於工會都不是很熟悉，接下來就讓大家一次了解工會有什麼祕辛！

為什麼要有工會？工會的功能是什麼？

工會就是由勞工聚集一定人數所組成的團體，可以和資方進行協商。**勞工以勞力換取工資，但面對擁有資本、生產資料的資方經濟上的強勢，勞工難以取得與資方立於相互平等的地位**，畢竟公司可能會跟你說一句「沒有熱忱的話，歡迎離職」，而勞工卻沒有手段爭取自己的勞動條件。**勞工唯一能做的就是團結彼此，形成一股對抗力量**。

最明顯的案例就是華航空服員罷工事件，桃園市空服員職業工會以高達百分之九十九點五的比例取得罷工權，讓華航不得不低頭，空服員最終得以避免屈服於公司先前所設的不當勞動條件。

什麼樣的組織可以稱為工會？

所謂的工會，除了依照《工會法》第十一條規定的程序成立，還必須以結社的方式來凝聚眾人的力量，進而維護並提升勞工的勞動條件與經濟條件，才能算是真正的工會。因此**工會本質上為鬥爭性**、**抗爭性團體**，**必須要有向資方施加相當壓力的意願與能力**，否則工會之目的將難以達成，如果欠缺抗爭意願與能力，就不會使資方感到壓力，資方根本沒有對談的必要。

此外，工會必須要有持續的運作，並透過民主程序集合眾人的意志，工會才能真正為勞工發聲。另外，工會**若要達成改善勞動及經濟條件的任務，必須完全不受資方影響**，否則將無法形成對抗資方的力量。舉例而言，某甲是掌管空服員排班的長官，如果他具有工會會員身分，又在團體協商期間被資方委任為同意公司政策的資方談判代表，可能就會不利於工會內部的運作。

工會只能有一種嗎？

我國的工會可以分為三種類型：一、**企業工會**：結合同一廠場、同一事業單位、依公司法所定具有控制與從屬關係之企業，或依金融控股公司法所定金融控股公司與子公司內之勞工，所組織之工會。例如台灣鐵路工會、中華電信工會、台灣高鐵工會等。二、**產業工會**：結合相關產業內之勞工，所組織之工會。例如基隆客運產業工會、台灣基層護理產業工會等。三、**職業工會**：結合相關職業技能之勞工，所組織之工會。例如桃園市機師職業工會、桃園市空服員職業工會等。但是依照同法規定教師僅得組織及加入產業工會及職業工會，也就是說同一間學校的老師們並不能組織○○國中教師工會來爭取自己的權益。

紙上談兵，組織工會的SOP

勞工均有組織及加入工會之權利。**但是要籌組工會最重要的是要找到一群關心自身勞動條件且願意投身共同爭取權益的夥伴**，而組織工會應有勞工三十人以上之連署發起，累積達到一定人數連署後，就可以組成籌備會辦理公開徵求會員、擬定章程及召開成立大會。籌備會應於召開工會成立大會後三十日內，檢具工會章程、會員名冊及理事、監事名冊，向工會會址所在地之直轄市（如台北市政府勞動局）或縣（市）主管機關（如苗栗縣政府勞動及青年發展處）請領登記證書。

但若是以全國為組織區域籌組的工會聯合組織，應向中央主管機關（勞動部）登記，並請領登記證書。當完成以上程序後，屬於你們的工會就誕生了！工會籌組的相關表單在各直轄市、縣市政府或勞動部網站均有範本可供下載使用，歡迎有需要的朋友們自行參閱。

工會成立後，只要是勞工，都有組織或參加工會的權利。不論是定期工、部分工時勞工甚至是建教生、工讀生及外籍勞工，都應享有《工會法》所賦予的權利而可以組織或加入工會。

一直跟資方對著幹，會不會出事？《工會法》中對工會的保護

因為工會為主張並維護勞工之權益，常與資方處於對立面，為了避免資方阻撓工會事務的進行或是有「秋後算帳」的情況發生，《工會法》第三十五條即有保護工會幹部及會員的規定，**雇主或代表雇主行使管理權之人，不得對於勞工組織工會、加入工會、參加工會活動或擔任工會職務，而拒絕僱用、解僱、降調、減薪或為其他不利之待遇**；或是雇主對於勞工或求職者，以不加入工會或擔任工會職務為僱用條件。

此外，當勞工提出團體協商之要求、參與團體協商相關事務、參與或支持爭

議行為，資方不可以因此對勞工施以拒絕僱用、解僱、降調、減薪或為其他不利之待遇；或是不當影響、妨礙或限制工會之成立、組織或活動。

資方如果有干涉或報復，**除了解僱、降調或減薪之行為無效之外，還有可能會被處以罰鍰**。**受處分之勞工可以向「勞動部不當勞動行為裁決委員會」申請裁決**。

前面有提到的團體協約基本上等同於資方和勞工簽訂的勞動契約，工會可以在團體協約中放入更有利於勞工的勞動條件及禁止搭便車條款，以實質保障會員勞動條件與工會存續。

因此如果資方拒絕協商或拖延未於六十日內出對應方案，工會也可以提起不當勞動行為裁決，若經裁決後認定成立不當勞動行為，工會就會取得罷工的入場門票，可以進一步舉辦罷工投票，用以促使資方停止不當勞動行為或與工會談判。

設立工會對於勞工凝聚力量是有好處的，我國對於勞資爭議的處理絕大部分也必須以「工會」作為勞工方的代表，有工會至少可以保障有對談的權利，否則連大門都進不去。其實就台灣的勞動環境而言，是對工會相對不友善的，除了許多的規定非常嚴格，被學者稱為根本是「工會監督法」外，雇主對發起工會的勞工充滿猜忌，有雇主先扶植親資方的傀儡工會，或經由操縱工會幹部選舉等方式控制工會，甚至雇主會藉由不當勞動行為（例如不准許工會幹部請會務假、對於兩個以上的工會給予不公平的待遇與支持等）打壓工會，常常使工會難以成立，就算成立也往往非常羸弱。

比起歐陸國家的工會，台灣在工會發展上還有很長一段路要走，並不是說組工會就要罷工，德國雖然在歐洲算是罷工最不頻繁的工業國家之一，但是他卻是勞資雙方協商最發達的國家，**勞工們只有凝聚在一起，才能夠以相對平等的地位向資方展開協商或談判，得到合理的勞動條件**。我國仍有許多血汗的公司、產業並未有工會，或著尚未能發揮工會的力量來爭取勞工該有的權益，都需要你我一同關心，讓勞工有越來越好的勞動環境。最後**再次強調：千萬別羨慕別人，自己的權益自己救**！

法律白話文
小學堂

工會是勞工形成一定人數的法定團體，藉由團結形成一股對抗擁有資本、生產資料，在經濟上強勢的資方。所謂的工會，除了依照《工會法》第十一條規定的程序成立，還必須以結社的方式來凝聚眾人的力量，進而維護並提升勞工的勞動條件與經濟條件，才能算是真正的工會。因此工會本質上為鬥爭性、抗爭性團體，必須要有向資方施加相當壓力的意願與能力。另外，工會若要達成改善勞動及經濟條件的任務，必須完全不受資方影響。

為了避免工會因為主張並維護勞工權益與資方處於對立面，而事後遭資方「秋後算帳」，《工會法》中有保護工會幹部以及會員的相關規定，使雇主不能恣意地因為組織或加入工會而拒絕僱用、解僱、減薪等。資方如果隨便報復員工，除了解僱、降調或減薪之行為無效之外，還有可能會被處以罰鍰。受處分之勞工可以向「勞動部不當勞動行為裁決委員會」申請裁決。

「版權所有，翻印必究」，你想說的是著作權嗎？

丁憶楨

大家是不是常常在買來的書後面看到「版權所有，翻印必究」這句話呢？但其實台灣的法律中並沒有任何叫做「版權」的權利喔！難道這句話是騙人的嗎？免緊張~其實這句話中提到的版權指的是「著作權」，近年來人民對保障智慧財產權的意識越來越高，因此相信大家都聽過著作權。

著作權的前世與今生

那為什麼我們常常看到版權所有，而不是著作權所有呢？這就跟歷史有關係了。雖然現在隨便複製貼上、上傳下載後美圖秀秀一番就可以盜文，但是過去要盜拷文章只有「印刷出版」一途，因此「印刷出版」就成為了影響出版者及作者獲利最關鍵的途徑。

所以**早年我國法律引入著作權此一概念時，便是以「印刷出版著作」之權來理解著作權，版權一詞便應運而生**；這也解釋了「版權所有」，後面必定都要接上「翻印必究」的原因。這絕不代表著作權允許大家拿手機翻拍著作喔！傻孩子，胡適小時候都得了眼翳病，哪還能用什麼智慧型手機呢。

後來隨著時代進步，人們漸漸發現印刷出版無法涵蓋著作權的全部，像是舞蹈著作、音樂著作就難以印刷出版，因此版權一詞就被捨棄而改以著作權稱呼了。

在台灣的法律中，有所謂的出版權（《民法》第五一五條第一項）、製版權（《著作權法》第七十九條）這些聽起來很像版權的權利，其實本身都不是著作權，而是「擁有著作權的人才能進一步享有的權利」，可說是基於著作權衍生出來的。

另外，在《著作權法》中本身沒有出版權，因為《著作權法》第二十二條規定了**只有著作權人有「重製」著作的權利**，出版屬於重製著作的方式之一，因此就沒有另外明定出版權的必要啦！

為什麼我們會需要著作權這種權利呢？

如果創作者用心創作的東西，卻沒辦法受到保護，被別人輕易地盜用、沒有經過同意直接拿去販賣或是抄襲，久而久之，自然就沒有人想創作了，反正那麼辛苦創作的成果，還不是會隨隨便便就被他人搶走。就像養肥肥的豬，最後卻被別人宰來吃一樣，藍瘦～香菇～所以法律才要制訂《著作權法》來保護創作者的心血結晶喔！

根據我國著作權法的規定，著作的範圍包含：**語文**、**音樂**、**戲劇**、**舞蹈**、**美術**、**攝影**、**圖形**、**視聽**、**錄音**、**建築以及電腦程式**，十分廣泛，因此不只書籍，像是《雲門舞集》的舞蹈、《你的名字》這部電影、普立茲展所展出的照片、《星海爭霸》這個遊戲軟體，甚至只是在美術課畫的圖，只要是創作者用心創作的成果可都在著作權的保護範圍內喔！

受到保護的東西，非著作權人不可以隨意使用，也就是，買到書不能隨便影印拿去送給親朋好友、買了好聽的CD不可以拷貝賣給班上同學、老師在同樂會上播放的電影光碟必須是公開播放版本、路邊賣的醜醜盜版卡通圖案衣服你不要買！不然是會犯法的啊～

著作權有多久？

那麼這樣的保護有沒有時限呢？當然有啦！**著作權的存在時間是著作權人生存的期間以及死後的五十年**，也就是說如果有一個人在三十一歲完成一部著作，而那個人的壽命是七十歲，那麼著作權保護的時間就是從他完成著作開始到他死亡為止，再加上五十年，總共九十年喔！（大家算對了嗎？）

之後，這個作品就會成為公共財，讓任何人都可以自由地使用，這也就是為什麼出版社可以自由出版幾百年前的作品，像是《羅密歐與茱麗葉》、《紅樓夢》、《西遊記》等等，而不需要得到作者及作者家屬的同意。

看到這邊，有沒有很好奇，著作權這麼棒的權利要怎麼取得？

是要向政府登記嗎？還是要像文章開頭寫的一樣，在作品上標註勒？又或是在世界中心呼喊愛～啊！說錯了！是呼喊權利，其實都不用。我國對於著作權採的是完成主義，也就是當著作完成時，著作權人就直接取得著作權囉！

下次大家再看到「版權所有，翻印必究」這句話時，就可以在心底冷哼一聲，然後說：「是著作權啦～哩碼幫幫忙～」不過在香港仍使用「版權」為正式的法律名詞，所以在香港不要這樣講喔，可是會被嘲笑的。

法律白話文 小學堂

不管怎樣，因為著作完成，著作人就取得著作權，所以就算沒寫「版權所有，翻印必究」，著作權人還是可以主張著作權的保障。不過偷偷提醒大家，商標權跟專利權，就是必須要登記核准才有效力喔。

玩大富翁破產時的「抵押」現實世界中適用嗎？

楊貴智

講到抵押權，就想到陪伴大家童年時光的大富翁或地產大亨遊戲，如果玩到手上沒現金，這時候可以拿買到的土地向銀行抵押地產。遊戲規則規定，玩家必須將所有權狀翻面，而且必須將該土地上的房子拆完。被抵押的土地，不可收過路費。但其實這樣的遊戲規則，跟現實生活中的法律並不一樣喔！

抵押是什麼？

首先，民法規定，抵押權是債權人對於債務人或第三人不移轉占有而供其債權擔保之不動產，得就該不動產賣得價金優先受償之權。白話來說，就是有人需錢救急，有人則手上有閒錢（銀行），想透過借錢給別人賺利息，但怕借了錢要不回來，於是可以透過抵押權的規定，要求借錢的人（債務人）提供「不動產」設定抵押權。**設定抵押權後，債務人仍然能繼續使用不動產；但如果錢還不出來，**

債權人就可以行使抵押權，把債務人的房屋賣掉來還債。

因此大富翁遊戲裡規定，地產設定抵押後，清償前不得收取過路費的規定，其實跟真正的法律差很大！因為民法既然規定債務人於設定抵押權後，仍然能繼續使用不動產，收取過路費當然也是使用不動產的方式，理論上應該要繼續允許玩家收取過路費的！

此外，遊戲裡規定須把房子拆掉後才能為土地設定抵押，也是現實生活中沒有的。在現實生活中，**因為土地跟房子都是民法規定的不動產，不僅房子跟土地都能分別設定抵押，更可以在土地上有房子的狀態，只為土地設定抵押權。**

一定要把房子拆掉？其實土地和房屋可以分別抵押

在現實生活中，如果土地跟房屋分別設定了不同的抵押權，為了避免實行抵押權的結果導致必須拆屋還地，也就是說，由於**在法律上「土地」和「房子」的所有權是各自獨立**，如果房屋實行拍賣，導致房屋跟土地最後屬於不同人，房子可能會被土地所有人請求拆除的狀況。對此，民法設計了法定地上權、併付拍賣等制度，是不是覺得很複雜呢？可能就是因為太複雜了，所以遊戲設計者才規定抵押地皮的人，就直接把房子拆掉算了。不過在現實生活中，是不會拆掉房子的喔！

至於實行抵押權將不動產拍賣掉後，如果賣得的錢清償債務後還有剩餘，剩下的錢扣除利息、遲延利息、違約金及實行抵押權之費用後，要還給債務人。畢竟那本來就是人家的不動產啊！

使用抵押權有什麼好處？

為什麼抵押權這麼常見呢？因為人會跑，我們常常聽說有人借了錢還不出來就「出國深造」，但是房子不會跑，因此**對借錢的人而言，都會希望透過抵押權**

獲得保障。至於**對借錢的人來說，抵押權則是一種把固定資產變現以融通流動性的方法**。雖然土地、房子存有很高的價值，但是在賣掉之前都只是紙上財富而無法使用，如果不動產所有人需要用錢，卻又不想把它們賣掉，債務人便可以透過設定抵押權的方式，將不動產的財產價值變為現金同時保留所有權。

不過大富翁遊戲裡，也不是所有規定都跟現實生活不一樣。像是遊戲規定，如果玩家把設定抵押的地皮轉售給其他玩家，買受地皮的玩家也必須對銀行為抵押權負責，這時可以選擇馬上贖回地皮，或不馬上贖回，但只付抵押價百分之十的交易稅給銀行。如果不馬上贖回，日後贖回時還是要加付抵押值百分之十的利息。

我國民法其實也規定，不動產所有人設定抵押權後，得將不動產讓與他人，但其抵押權不因此而受影響。也就是說，**如果債務人把房子賣給其他人，按照《民法》規定，抵押權仍然有效**。雖然房子已經是別人的了，但如果「原來的債務人還不出錢」，銀行還是可以請法院把那間「已經不屬於債務人的不動產」賣掉！

買房子會不會踩到雷？

一定會有人覺得這個制度也太偏袒債權人、太偏袒銀行了吧！法律果然都只保障有錢有勢的人嗎？其實**不動產設定抵押權後會必須在地政機關辦理登記公示，買方在辦理相關手續前，是有機會申請查閱土地謄本以獲得相關資訊**。這也是為什麼被設定抵押權的房子通常會賣不好、賣不出去。

順帶一提，抵押權除了上述的普通抵押權外，還有「最高限額抵押權」。兩者不同的地方在於，普通抵押權是為特定的債務進行擔保，也就是說，每借一次錢，就要設定一次普通抵押權；最高限額抵押權則是雙方可以約定一個「最高限額」及「確定期日」，對雙方在一定期間內不斷發生的不特定債權進行擔保，當「確定期日」到來，再結算確認當時剩下的債務有多少。

舉例來說，某家公司跟銀行長期有金錢往來，如果每次借錢就要設定一次抵押權，真的太不便民了，因此民法規定，雙方可以不斷借錢、還錢，等到確定期日到來，大家再結算是否已經全部清償完畢？如果還有欠錢，銀行就可以對剩下的債權實施最高限額抵押權。

下次玩大富翁時，也許可以考慮用真正的民法規定玩玩看，不僅可以展現自己的法學涵養，說不定還會更有趣味喔！

法律白話文小學堂

抵押規定在我國《民法》當中，意思是當有人急需用錢，而有人有閒錢，並且想透過借錢賺取利息，但又怕借錢不還錢，這時候可以透過抵押權的規定，要求借錢的人，也就是債務人提供「不動產」來設定抵押權。

設定抵押權後，債務人仍然可以繼續使用不動產，但到了約定還錢的時候錢還不出來，這時候債權人就可以行使「抵押權」，把債務人的房屋賣掉，用賣掉的錢作為清償。

「假扣押」其實是給人滿滿安全感的真扣押

——認識假扣押、假處分

黃俐菁

蝶戀花遊覽車翻覆釀三十三死，台北市觀光局代替死者家屬聲請對蝶戀花旅行社、負責人假扣押，士林地方法院裁准後，家屬二日聲請強制執行蝶戀花公司的存款、負責人周繼弘的薪資和股份，法院針對家屬執行的標的發布扣押命令，但蝶戀花公司回覆，因公司存款包含周的薪資，存款已被地院扣押，也無法再發放薪資。

假扣押、假處分和定暫時狀態，有聽沒有懂？

假扣押、**假處分及定暫時狀態假處分**是民事訴訟程序中的三種保全程序。保全二字是來自日文，大概的意思是「保護、防護，使不受損失」。而此三種保全程序可以發揮的作用有**確保打完訴訟後，原告在接下來的強制執行階段能夠實現**

權利、拿到向被告請求的事物（假扣押、假處分）；抑或是，**保障當事人（無論原告或被告），在打官司的過程中，可以避免因此受到重大的損害或是急迫危險（定暫時狀態假處分）**。

上述三種保全程序的原理其實差不多，其中「假扣押」是日常生活中最常見的，且假處分及定暫時狀態處分在法律規範的部分多半也適用假扣押的規定。因此如果掌握「假扣押」，等於掌握了大部分的保全程序。

假扣押到底是什麼意思呢？

如果債務人欠錢不還，原則上債主可以到法院告他，等到獲得勝訴判決後，就可以請法院對債務人強制執行（對他的財產查封、拍賣），把錢拿回來。但是強制執行針對的是「債務人的財產」，所以有時候債務人乾脆把名下所有財產移到他人名下，因為財產都不是他的名字，這樣一來表面上債務人的財產是零，法院就沒有財產可以強制執行了。

為了避免前述的困境，法律上設置了所謂假扣押制度，使債主可以在獲得勝訴判決前，透過聲請假扣押並獲得法院允許時，**讓法院先行查封、扣押債務人的財產，債務人財產將因此凍結無法再為處分**。換句話說，可以**避免債務人故意讓自己從富翁變成乞丐**，使辛苦獲得的勝訴判決只能當壁紙，無從求償。

假扣押是專門處理債務人付錢（金錢請求）的糾紛

假扣押是專門針對要債務人付錢的糾紛，例如借款、價金、損害賠償等等。如果是金錢以外的請求，例如請求交付特定的機器、不動產，聲請的程序則是假處分。

而定暫時狀態假處分的標的相當特別，也是保全程序中最複雜、多樣的，它針對的是一定的法律狀態，例如馬王政爭時立法院長王金平被國民黨撤銷黨籍後，為確保自己不失去不分區立委資格，便向法院聲請定暫時狀態假處分，確保自己到訴訟終結前「繼續有效擁有國民黨黨籍的法律狀態」。假扣押、假處分及定暫時狀態假處分在法律上統稱「保全程序」。

真的有必要，法院才會允許假扣押

所謂「有必要」，是指假扣押必須是預料日後有**不能**強制執行或有**難以**強制執行的可能才可以聲請，例如債務人的舉動有出現脫產的徵兆，或是債務人有逃匿的情形。換言之，**聲請必須具有必要性**，**法院才願意下裁定**，也因此債權人聲請時應該提供可以調查的證據釋明必要性，如果法院看完證據仍有疑慮，當事人就可能要再多提供一份擔保，才能取得法院的裁定。

假扣押不假，真的有扣押

假扣押因為稱作「假」扣押，所以民眾常誤以為還有「真」扣押。事實上法院允許假扣押後，債務人的財產就「真的」被扣押了。那這個假到底是指什麼？

根據學者研究，我國民事訴訟法在立法的時候曾「參考」日本民事訴訟法，因此命名制度時直接沿用日文漢字用法，**假扣押的「假」是暫時的意思，也就是「暫時扣押」到訴訟結束**。

說押就押，我該怎麼辦？

在假扣押程序中，法院僅單憑債權人的聲請及提出證據作裁定，債務人的財產是在債務人沒有辦法向法院說清楚、講明白的情況下，就被查封或是扣押了。對債務人而言，不能自由處分自己的財產，明顯侵害了他的權益。如果債務人是真的有欠錢，好像還說得過去，但試想如果不是真的呢？如果債權人用來聲請假扣押的資料都是假的呢？對此，民事訴訟法也有相對應的措施：

提起抗告

如果債務人認為假扣押的裁定有任何程序上的違法，**可向法院對有瑕疵的裁**

定提出抗告，若抗告成功，法院將廢棄原裁定，債務人就可聲請解除查封、返還扣押，有些情況下甚至可以請求損害賠償。

提起訴訟

債權人於未起訴時即聲請假扣押，**債務人向法院聲請命債權人於一定期間內起訴，若超過該一定期間債權人仍未提起與聲請假扣押的內容相同的訴訟時，債務人即可聲請法院撤銷假扣押裁定**，並且再向債權人請求賠償因假扣押所受的損害。因為債權人搞到最後居然不起訴，沒事查封人家造成別人困擾，當然要賠錢。

聲請撤銷假扣押或提存擔保

假扣押的原因消滅、債權人提起的訴訟敗訴確定、或是其他的情事變更（例如已經清償、和解等等），使得不再具有假扣押的必要時，債務人可以向法院聲請撤銷。債務人選擇提供擔保或提存請求的金額時，於裁定前可免為假扣押、於裁定後可撤銷假扣押。

法律白話文
小學堂

假扣押、假處分及定暫時狀態假處分是民事訴訟程序中的三種保全程序。保全程序的意思是為了確保打完訴訟後，原告在接下來的強制執行能夠實現權利、拿到向被告請求的事物（假扣押、假處分）；或是保障當事人（無論原告或被告）在打官司的過程中，可以避免因此受到重大的損害或是急迫危險（定暫時狀態假處分）。而假處分以及定暫時狀態假處分很多規定都是援用假扣押的規定，所以先搞懂假扣押，就可以掌握大部分的保全程序。

假扣押主要是為了避免在訴訟中，債務人故意藉由脫產等行為，讓債權人在日後獲得勝訴判決，也沒辦法透過強制執行程序來求償。法院也只有在「有必要」的時候，也就是預料到在未來有難以強制執行的可能時，才會允許原告假扣押的聲請。

而假扣押的「假」，是參考日本民事訴訟法而來，本意是「暫時」的意思，所以法院是暫時「真」的扣押財產到訴訟結束，並不是假裝扣押喔！

在家輕鬆月入百萬（~~吃牢飯~~）的機會來了

江鎬佑

綠點公司跟捷普公司要談合併，不過兩間公司要合併跟兩個人要結婚一樣，不是一件簡單的事，得經過層層關卡。柯文昌在兩間公司初步協商達成「部分協議」，簽訂了「無拘束力意見書」後，買了很多綠點公司的股票，這樣的行為被法院認定為「內線交易」。然而包括童子賢、鄭崇華、施振榮、蔡宏圖四位頗有名望的大老，卻為這樣的判決結果開記者會力挺喊冤。到底什麼是內線交易呢？法院是怎麼判斷的？

先說說為什麼我們要處罰內線交易？

所謂的內線交易就是一些特定身分之人，像是公司的董仔或透過董仔知道的人，**提前獲知一些未經公開且影響證券價格的重要消息**，像是知道了阿拉伯的工廠挖到石油、這一季手機只有賣了幾百支或是即將跟其他公司合併、或是先知道票軋不過來，進行買賣證券的行為。

我們為什麼要處罰內線交易呢？主要可以從兩個面向來看。第一個面向是從市場健全的觀點著眼，因為只有市場投資人可以平等獲取資訊，投入證券市場的資源才會合理配置，證券交易才可以維持公平，而內線交易無疑是破壞了市場資訊的平等流通，讓證券交易變得不公平。**一個不公平的證券交易市場久而久之就會變成沒有人願意投入的市場，終將破壞證券市場集資有利社會國家經濟的功能**。

第二個面向則著眼於公司的內部人應對公司及股東負擔忠實義務（Fiduciary duty），今天一間公司成立到上市是很多股東們一起出錢，當「內部人」利用內線消息買賣股票圖利自己賺大錢，就**違背了那個內部人應該為公司利益跟股東著想的義務，不僅破壞公司經營也侵害了股東權益**。

當側重的面向不同時，在訂立及解釋內線交易的規範上的點便會不同，如專注於健全市場方向，就認為應該受到規範的人是所有知道重大影響股價消息的人；

若專注於內部人應盡義務的話，則著眼於個人層次，受規制的對象將以對公司及股東負有信賴義務者為限。

談談現行的內線交易規範

規範內線交易很重要的原因在於避免有人胡搞瞎搞，搞得大家不相信這個可以互通有無的流通市場，讓市場可以健健康康長大，大家也可以在這個透明、公開、遊戲規則清清楚楚的市場裡頭交易。既然要保護的是交易活絡的流通市場，所以並沒有將所有公司的股票都納入規範，在台灣就是上市、上櫃、興櫃的公司。

當上市、上櫃或興櫃公司的「內部人」「實際知悉」關於「重大影響股票價格的消息」以後，「在該消息明確後、還沒公開前，或公開後十八小時以內」，進行該公司的股票交易行為就算是內線交易。

哪些人算「內部人」？

內部人包括了公司的經營管理階層以及擁有股份超過百分之十的股東，還有基於**職業**或**控制關係**獲悉消息的人。公司的管理階層（董事、監察人、經理人）因為負責了公司業務之決策、監督與執行，雖然最有機會獲取公司機密資訊，但他們對公司負擔忠實義務，不能利用內線消息圖謀自己的利益。而擁有股份超過百分之十的股東，因為對於公司容易有影響力，也容易透過影響力去獲悉內部消息，所以也被納入受規範的內部人。透過**職業關係獲悉消息的人**，常見類型有公司業務的「重要內部人員」，如經理的祕書、負責業務的員工；或是「外部專業人員」，諸如律師、會計師、財務分析師等；而**控制關係**則如關係企業的母公司。

又為了避免上述被規範的人士透過辭職或透過「外部人」進行交易來規避內線交易的規定，所以喪失以上身分六個月內的公司內部人或從以上「相關人士」獲悉消息的人，也要受到規範。

怎樣算是實際知悉呢？

到底是只要可以證明內部人知道消息就好，還是只有當內部人實際利用內線消息時，才構成內線交易？

關於這個爭執其實是立法政策上的選擇，現行條文文字上規範的是「實際知悉」，而立法理由中則提及「利用內線消息買賣股票圖利」。然而，在我國實務上的運用並不以「利用」為要件。

所謂「**重大消息**」，並不是以一般投資人（俗稱「菜籃族」）作為判斷基準，畢竟有些消息不是一般看報紙買股票的小股民可以解讀出其中奧妙的，而是參考美國實務的判准，**以「理性投資人」作為判斷依據**。諸如營運不善發生虧損、營收大幅成長、賣土地獲得巨大利益、負責人掏空公司、董事會做成合併或暫緩合併的決議、公司被檢調搜索等都屬於常見的重大消息。

什麼時間點買賣股票會被認定為內線交易？

在時點的認定上，有兩個時點買賣股票均會構成內線交易，分別是「**消息明確後但是公開前**」跟「**消息公開後十八小時**」。

消息明確後但是公開前

消息明確意味著「**不限於知道該消息的時候，消息已確定成立或確定事實**」。以主管機關的命令為例，消息可能明確的時點就包含了事實發生日、協議日、簽約日、付款日、委託日、成交日、過戶日、審計委員會或董事會決議日，或其他依具體事證可得明確之日。

在我國判決實務中，認為重大消息於達到最後依法應公開或適合公開階段前，往往須經一連串處理程序或時間上的發展，之後該消息所涵蓋之內容或所指涉之事件始成為事實，其發展及經過情形因具體個案不同而異。

換言之，認定行為人是否獲悉發行股票公司內部消息，**應綜合相關事件發生經過及其結果等各項因素，從客觀上作整體觀察**，以為判斷，不應拘泥於某個特定、具體確定之時點。

消息公開後十八小時

《證券交易法》並沒有明確訂立公開的意義，依照主管機關的規定則，包括了：公司輸入公開資訊觀測、台灣證券交易所股份有限公司基本市況報導網站中公告、財團法人中華民國證券櫃檯買賣中心基本市況報導網站中公告、兩家以上每日於全國發行報紙之非地方性版面、全國性電視新聞或前開媒體所發行之電子報報導等四種情況。而在判決實務上則認為，這裡的公開相當於刑法的「公然」，**只要不特定人或特定多數人可以看到、知道就算公開了**。

另外，十八小時的規定內涵在於讓子彈飛一下，好讓投資人可以接收、消化消息，讓所有投資人跟內部人透過這段期間，可以立足在一樣的起跑點。

法律白話文
小學堂

處罰內線交易的目的，是為了維護股票交易市場的公平、健全，以及避免公司內部人利用他們可以掌握較多資訊而侵害股東權益。

要構成內線交易需要符合幾個要件，必須是「上市、上櫃或興櫃公司」的「內部人實際知悉」關於「重大影響股票價格的消息」以後，「在該消息明確後、還沒公開前，或公開後十八小時以內」，進行該公司的股票交易行為。

內部人指的是公司經營管理階層的人，以及擁有股份數較多的「大股東」，因為他們較一般投資人容易知悉公司內部的重要資訊，而這些資訊可能會影響公司的股價。

實務上在認定「實際知悉」並不以利用為要件，也就是只要知道但是不需要利用這個消息；而重大消息的認定並非以一般投資人角度作為判斷基準，是以「理性投資人」為判斷依據，例如公司營運不善發生虧損、收購、合併等都屬於重大消息。

part 6

話題

時事滿天飛，你嘴我也嘴，到底怎麼做才對？

颱風假還要上班？因為你只想到你自己！

楊貴智

每次颱風要來，總是人心惶惶，也心癢癢，一方面擔心颱風可能造成的災情，另一方面則偷偷地不斷重新整理人事行政局的網頁，期待看到「明天停止上班上課」這令人臨表涕泣的句子呀！

因此最令人期待的便是來了一個外強中乾的颱風，颱風假當天根本無風無雨，這時候大家就趕緊出門看電影唱歌去啦……咦？不是颱風假嗎？那這些地方怎麼還有人上班呢？

颱風假不是假，上班無加班費，不上班無錢可拿

事實上，目前勞基法所規範的「假」都是讓勞工休息，以維持勞動力及平衡家庭生活為目的，**而「颱風假」並不屬於受勞基法保障的假期**。縣市政府根據《天

然災害停止上班及上課作業辦法》宣布之停班停課，效力僅限於「政府各級機關及公、私立學校」，**在法律上民間企業並無遵守的必要**。

但由於許多公司仍然會按照政府公告決定是否正常上班，才會產生有所謂「颱風假」的錯覺。由於民間企業的態樣太多，颱風發生時，由政府決定所有勞工都停止工作，並不適宜，否則我們去哪裡逛街唱歌呢（愛開玩笑）？因此勞動部認為，**颱風來了放假與否，應該讓勞工和老闆自行決定**。

但所謂勞工和老闆自行決定，通常都老闆自己決定啦（謎之聲）。因此基於安全勞動條件的考量，勞動部訂定的《天然災害發生事業單位勞工出勤管理及工資給付要點》規定，若在颱風天勞工不上班，老闆不得視為曠工、遲到或強迫勞工以事假或其他假別處理，且不得強迫勞工補行工作、扣發全勤獎金、解僱或為其他不利之處分。

由於颱風假不是勞基法所保障的假期，因此當勞工選擇不來上班，老闆也可以不發當天的工資。所以囉，**「勞工可以不上班」，但是「老闆不可以處罰但是可以不給錢」；另外，也因為颱風假不是假，因此就算員工在颱風來時如同平日般正常上班，並不能要求加班費**。

我國法律當前的「颱風假」只有保障勞工「不去不會被處罰」，但是沒有像公務員般「不去可以繼續領薪水」，在不修法的情況下，勞動部只能「善意呼籲」企業給予休假及加班費，並無法律上的強制力。

由於近年來人民越來越重視勞動權益，除了要求政府提高勞動保護水準外，也開始督促企業重視自己員工的勞動權益。透過人民的力量，讓越來越多百貨商場遇到颱風就自動宣布放假，讓櫃哥櫃姊們不用冒著風雨前往上班，外送業者也會停止外送服務。

正因為颱風假不是真正的假期，因此公司可以要求員工在家待命，等待風雨減緩且安全後返回工作崗位上班。不過如果要求在家待命，就必須照常支薪。

那勞基法規定了哪些假期呢？

順帶一提，目前《勞基法》規定的休假種類有例假日（每週至少一天）、休息日、休假日（紀念日、勞動節日、中央機關規定的國定假日等）、特別休假以及婚喪病公假等。

身為一名勞工，最關心的當然是「老闆能要求我放棄休假嗎」、「如果放棄休假能獲得什麼補償」？

首先，根據《勞基法》第三十八條規定，例假與休假期間工資應照常發放，而且老闆原則上不能要求勞工上班，除非符合兩項例外：第一，若徵得勞工同意，可以要求勞工於「休假日」工作，但工資須加倍發放。另外，不可以透過要求勞工同意的方式，使勞工在「例假日」工作。第二，若因天災、事變或突發事件而有必要使勞工於「例假日」與「休假日」工作，老闆可以要求勞工上班，但工資除了應加倍發給之外，並應於事後安排補假。

而在休息日，只要勞工同意，老闆就能要勞工在休息日上班，只不過休息日的加班費算法比較特別，算起來比較多。詳細的算法蠻複雜的，請自行上網搜尋「加班費試算系統」啦！

至於特別休假，則是按照年資給假：六個月以上一年未滿者，三日；一年以上二年未滿者，七日；二年以上三年未滿者，十日；三年以上五年未滿者，每年十四日；五年以上十年未滿者，每年十五日；十年以上者，每一年加給一日，加至三十日為止。老闆可以提供勞工更多特別休假，但不可以少於法律規定的天數。

特別休假如果沒有放完，老闆應將沒用掉的特別休假轉為按日薪計算之工資給付給勞工，這裡的日薪就是月薪除以三十天啦！至於要在那幾天使用特別休假，必須透過勞資協議決定，也就是老闆不可以為員工指定特別的放假日期。據說現在許多企業為了省錢，到了年底就會不斷提醒員工趕快把特休假休光，避免要多發錢給員工呢。

最後，勞工因婚、喪、疾病或其他正當事由得請假，而事假以外，老闆在勞工請假期間必須至少給付最低工資。依《性別工作平等法》規定，女性受僱者因生理日致工作有困難者，每月得請生理假一日，分娩前後則可請八星期產假。

說到這裡，大家快點拿出行事曆，依據《勞基法》確認自己應該擁有的假吧！

法律白話文
小學堂

颱風假並非目前《勞基法》所保障的假期，在法律上，民間企業其實沒有遵守的必要。因為許多公司仍然會按照政府公告決定正常上班與否，因此使各界產生「颱風假」的錯覺，實際上在颱風天上班與否，應交由勞資雙方自行決定。

依勞動部訂定的規範，若在颱風天勞工不上班，老闆不得視為曠工、遲到或強迫勞工以事假或其他假別處理，且不得強迫勞工補行工作、扣發全勤獎金、解僱或為其他不利之處分，所以勞工可以不上班，但「老闆不可以處罰，但可以不給錢」。另外，也因為颱風假不是假，因此就算員工在颱風來時和平日一樣正常上班，也不能要求加班費。

雖然颱風假目前並非《勞基法》所保障的假期，然而《勞基法》還有保障其他種類的假期，如例假日、休息日、休假日、特別休假日以及婚喪公病假等，雇主必須依照規定讓勞工放假，否則就有違法的疑慮。

工讀生不是人？談工讀生的勞基法適用

龍建宇

所謂工讀生，在法律上稱之為「部分工時勞工」，根據行政院勞工委員會訂定「雇用部分時間工作勞工應行注意事項」，所謂的「部分工時勞工」就是在相較於同一個事業單位中的「全時勞工」（就是正職）的工作時間相當之減少。

最低基本工資

即便是部分工時勞工，也有最低工資的適用，現在的最低工資是每小時一百三十三元（二〇一八年一月一日起將調整為一百四十元），**而且如果你跟正職做的是一樣的工作，薪水也應該要一樣**。如果你的老闆跟你說，因為你是工讀生，所以不適用《勞基法》薪水比較低，或是你是工讀生跟正職生薪水不一樣。這些都是錯的！快去跟你的老闆說！

實務上也常常發生，老闆扣工讀生的薪水時說：「這是將來怕你打破東西所以要先留著的，因為你是工讀生怕你跑掉！」但是（老闆最怕的就是這個但是），依照《勞動基準法》二十六條規定：「**雇主不得預扣勞工工資作為違約金或賠償費用**。」不論你是工讀生或是正職員工都適用，大家千萬不要傻傻地被騙了！

勞工保險與健康保險

很多老闆，**認為你只是工讀生，就不幫你投保勞健保，這就是在唬弄你啦**！

勞保的意義在於，提前預防在工作時可能發生的風險，而即便是工讀生的工作，也有可能在過程中發生意外。舉例來說，朋友曾在餐廳外場打工，在端熱湯時不慎翻倒，潑到自己的手造成手臂燙傷，擦了兩個月的藥。這樣的意外，無論是正職還是工讀生都有可能發生，因此老闆必須要幫你保勞健保。

工時的條件

《勞基法》第三十條一項規定，一個人一天可以工作的時間是八小時，一週是四十個小時，當然還有一例一休的適用。

但是因為工讀生工作時間本來就比一般正職人員的法定工時短，所以通常都會跟老闆約定較短的工作時間。一般而言，工讀生都會在簽約時跟老闆約定每個月或每個禮拜的工時，而依照法院見解，如果實際工作的時間超過與老闆談的工作時間怎麼辦呢？就是看你跟老闆說好要不要有加班費囉！如果沒有就是沒有（但是通常都……咳咳咳）。

舉個例子來說，若與老闆約定一天工時為四個小時，那麼今天實際工作了五個小時，則超過的一小時是否有加班費，**需視簽約時是否與老闆約定超過約定工時就有加班費而定**。但是，如果超過《勞基法》三十條所規定的工時，也就是法定工時的話，老闆「一定」要給你加班費，記得一定要去跟老闆要呀！

《勞基法》沒有關於試用期的規定

實務上老闆常常會跟員工約定試用期間，但在《勞基法》裡面，「並沒有」

關於試用期的規定，而勞動部曾表示：「如果試用期是在合理的範圍內，試用期就是合法的。」

一般來說，試用期通常會約定三個月至六個月，而以三個月最為常見。

然而，老闆可能透過試用期來規避一些法律責任。例如，告訴員工試用期只有半薪、不給付勞健保等等。但其實，**老闆對於試用期的員工還是必須遵守《勞基法》的相關規定**，遇到這種狀況時，我們也必須知道自己應該有權利向老闆要求勞健保，也不可以低於基本薪資或是跟其他相同工作的人比薪水較低。簡單來說，試用期的員工與一般員工一樣，皆受到《勞基法》保障，老闆不能蓄意規避！

怎樣算是不合理的解僱？

依照《勞基法》的規定，解僱員工一定要有正當事由。

如果是自己做了很糟糕的事，例如，在面試時謊報年齡或學歷、把公司的商業祕密賣給對手而違反勞動契約或工作規則、故意毀損機器、工具使公司受到損害、持續沒來上班達三日、或是一個月內累積六日等《勞基法》規定的「懲戒性解僱事由」，那麼老闆當然可以直接把你 fire 掉。

但是，如果是公司經營不善導致虧損、面臨歇業，或是遇到颱風、水災等天災，使得公司無法正常營運長達一個月以上，或是公司自己要轉換經營方向而裁撤員工等「經濟性的解僱事由」之情形，除了工作未滿三個月外，老闆要**解僱你至少要在十至三十天前告訴你**，讓你有時間去找工作，另外還要給你資遣費！

法律白話文
小學堂

工讀生在勞基法中被稱為「部分工時勞工」，雖然工時較一般正職員工來得少，但是該有的權利不能少！部分工時勞工除了有最低基本薪資的適用之外，如果你跟正職做的是一樣的工作，薪水也應該要是一樣的。最重要的是，勞工享有勞健保是「權利」而不是「福利」！所以老闆幫工讀生投保勞健保是他們應盡的義務。

部分工時勞工的工時若超出與雇主約定的時數，則需視勞工與雇主間是否約定超出約定工時的部分可以作為加班時數。而關於試用期的規定，《勞基法》並未有相關規定，但雇主對於試用期的員工還是必須遵守《勞基法》的規定，包含勞健保、最低基本薪資等都不能違反。另外，若雇主要解僱工讀生，也要符合《勞基法》中的要件喔！

保留生命最後的尊嚴？病人自主權利法

龍建宇

你有看過電影《姊姊的守護者》還有法國電影《最後一堂課》嗎？當你知道自己罹患了不治之症，會選擇使用各種醫療器材延續生命，還是自由自在開開心心地活下去？「孩子們，我一直告訴你們，當我體力不再的時候，我寧願選擇離開。」（出自電影《最後一堂課》）

二〇一五年年底，在楊玉欣立委的帶領下，立法院通過了《病人自主權利法》（以下都會稱為本法），這部法律將在二〇一九年一月六日施行，讓病患可以決定自己要接受什麼樣的治療，也讓病患預先規畫自己的醫療決策。

什麼是「病人自主權利」？

《病人自主權利法》第一條規定：「為尊重病人醫療自主、保障其善終權益，促進醫病關係和諧，特制定本法。」

病人自主權利包括了兩個面向：第一個是，確保病人在醫病關係當中，有**自主**的決定權；第二則是，**保障每一個人都能自主決定如何死亡，以及何時死亡的善終權利**，讓生命有尊嚴地步入終點。

病人自主權利涉及到「生命」與「人格尊嚴」的拉扯，有許多國家已經立法肯認，生命的內涵應該是包含一個人自己決定如何有尊嚴地活著並走向終點，其中就包括美國、德國與法國。然而即便肯認這個價值，關鍵點還是在於：**第一線的醫生們如何執行，確保病患得以善終**？

試想，當一個病危的人躺在醫院，沒有辦法自己決定醫療事項時，醫生會面臨到怎樣的壓力？

《醫療法》第六十三條規定：病人無法親自簽具手術同意書時，得由其法定代理人、配偶、親屬或關係人簽具。醫生也許知道醫療行為會帶給病人極大的痛苦，但即使病人本人曾經明確表達拒絕人工維生措施，囿於法律規定，因為病人已經無法簽署放棄急救同意書，也許一部分的家屬同意讓病患可以維持人性尊嚴地離去，但如果其他家屬反對放棄急救，醫師仍須配合家屬盡力救治病人到最後一刻，以免吃上官司。

因此，《病人自主權利法》就是在**賦予醫生「尊重病人意願的權利」**，於人性尊嚴的尊重，對於飽受痛苦折磨、醫療上已經無能為力的病人，應**優先考量病人自主決定拒絕醫療的權利，而非重視親屬的意願**。

讓病患清楚自己的病情

這是病人自主權下「知」的權利。在過去，《醫療法》第六十四條規定：「醫療機構實施中央主管機關規定之侵入性檢查或治療，應向病人**或**其法定代理人、配偶、親屬或關係人說明，並經其同意，簽具同意書後，始得為之。」因為法條規定的是**病人或家屬**，因此經常發生家屬擔心病人無法接受病情，拜託醫生協助隱瞞病情、只向家屬告知病情的情況，進而要求醫師配合進行手術。

透過確認病人擁有自主決定權，醫療決策權便能交回病人手中。醫師雖是擁有專業知識者，但仍應尊重病人的人格特質與特殊價值觀念，親自向病人解說病情；同時，病人也應尊重醫師的專業判斷，審慎從醫師的說明中，選擇符合自身利益的醫療方案。

因此，《病人自主權利法》第四條第一項與第五條第一項規定，**醫生要將治療的方向、方針，還有可能帶來的風險、副作用都告知病人，讓病人可以判斷自己要不要接受醫療行為**。而第六條則規定，醫生如果要進行手術、侵入性檢查或治療時，應該要簽書面的同意書才可以做。

由病患自己決定要不要接受治療

預定醫療決定，指的是你可以在**健保卡**上註記，**說你希望接受或是拒絕怎樣**

的治療行為，你可以希望醫生不要施予心肺復甦術，或是不要使用維持生命的器具等來維持你的人性尊嚴而得以善終。但是這不代表允許醫生幫助病患自殺。

《病人自主權利法》第十四條規定：如果你是末期病人／處於不可逆轉之昏迷狀況／永久植物人狀態／極重度失智／有難以忍受痛苦而無法治癒之疾病的病人的話，醫生可以依照你預定的醫療決定，終止、撤除或不施行維持生命治療或人工營養或是流體餵養。換句話說，**在醫療行為已經無意義或造成病患難以忍受之痛苦時，才可以拒絕實施醫療行為**。

在過往，只允許「末期病人」可以拒絕醫療行為，但根據《病人自主權利法》，只要滿二十歲的人就可以預立醫療決定，而要預立醫療決定，必須經過下列程序：

一、經醫療機構提供預立醫療照護諮商，並經其於預立醫療決定上核章證明：這樣的程序是要讓病患知道自己做出這個決定會有怎樣的後果，因此要由專業的團隊進行諮詢，而這個諮詢程序必須要有二親等內之親屬至少一人與醫療委任代理人（詳後述）在場一起參與溝通討論，醫療機構審慎評估病患之意願後，才可以核章證明。

二、經公證人公證或有具完全行為能力者二人以上在場見證。

三、標示在健保卡上。

這樣的預立醫療決定，讓醫生在未來病患無法自己表達意願時，可以依照預立醫療決定的內容做出相應的醫療行為，而不會負擔民法、刑法的責任，醫生因此可以無後顧之憂的尊重病人自主的決定。

什麼是醫療委任代理人？

除了預立醫療決定以外，還可以設立醫療委任代理人，在病患沒有辦法表達意願時，**醫療委任代理人可以幫病患決定一切的醫療決策**，要不要動手術、選擇治療方案、甚至是表達拒絕或撤除醫療設備的意願等。

原則上醫療委任代理人不一定要跟病患有身分關係，不一定要是父母或子女，只要年滿二十歲就可以了。醫療委任代理人的設計，是避免在病患無法表達意願、家屬間意見分歧時，可以有一個主要決定的人，讓醫生不會無所適從。

法律白話文
小學堂

在電影《姊姊的守護者》中，罹患血癌的姊姊希望自己不要再面臨痛苦的侵入性手術，也不想再看到身邊的人受苦，決定透過訴訟，讓自己的媽媽放手。如果大家面臨到同樣的狀況，會怎麼選擇？

《病人自主權利法》，並不是在告訴大家要如何選擇，而是保障你所做出的選擇。透過保障事前的機制，讓醫生們在病危時可以做出同於病患意願的醫療行為，更甚者，讓醫生們可以勇敢地做出應該要做的決定，進而，病人的自主決定才可以真正被落實。

不再相忍為國？國家選手應有的保障在哪裡？

徐書磊

二〇一七年的世界棒球經典賽，對於熱愛棒球的台灣而言原本是一大盛事，但今年比賽的關注度似乎不如以往，反而被在經典賽前舉辦的中職聯隊和日本武士隊（日本國家隊）的對抗賽搶走許多目光，其中很大的原因，便是今年經典賽中星光黯淡。

為什麼召不回明星球員？

除了桃猿隊陣中多位大咖如王柏融、林泓育和陳俊秀等球星，因爲球團和聯盟間的嫌隙，而應球團規定不接受徵召外，旅外選手徵召也十分不順，創下歷屆以來最少旅外選手進入名單中的紀錄。如我們耳熟能詳的陳偉殷、王建民、李振昌和旅日好手陽岱鋼等，也都因傷病或其他因素考量未進入最終二十八人名單中。

除了和其他國際賽事相同，毫無例外在社會上引起了為國爭光與自身利益間衝突的萬年爭論外，許多球員在考量是否接受國家隊徵召時，是否有充足的保障也是其最在意的一點。

今年美國代表隊即因保險公司拒絕承保，而無法成功徵召大聯盟運動家隊的投手 Sonny Gray 出賽，**我國許多球員也都是因為球團或其本身擔心他出賽受傷的保險問題，而在面臨徵召時陷入兩難**。

對職業球團而言，球員是最重要的資產，若隊伍中的球員無法出賽，可能導致球迷不進場看球而票房下跌，或在其因出賽受傷時仍要依約支付球員的薪資，此時就會造成球團的損失。**如果球員為國家出賽時受傷了，影響到他的職業生涯，那後續醫療、復健甚至無法繼續以運動為職業而無收入時，要怎樣照顧自己的未來呢**？除了事先聘請合格防護員避免運動傷害、進行身體檢查等風險規避方式外，目前運動產業中，職業球團和球員還可以透過購買保險，來確保傷害發生後能獲得補償。

有保險才能放手一搏

保險制度是一種「分散風險」的經濟制度，大家各自繳交一定金錢，約定某種類型的損害發生時，受到損害的人可以利用大家繳交的金錢獲得彌補，以達到利用大家的力量分擔風險的目的。簡單來說，就是透過大家的力量、共同分擔未來可能發生的風險，大家花比較少的錢買一份「保障」。

透過保險，球員在風險事故發生後（於比賽中滑壘受傷、被觸身球爆頭等等）取得保障。目前在運動產業中，職業球團和球員最需要的保險有兩種：失能保險（Disability Insurance），以及價值損失保險（Loss of Value Insurance）。

所謂失能保險，即球員喪失作為職業球員出賽能力時的保險。其中職業球團普遍投保的失能保險之一，是以「球員因為出賽受傷導致無法上場，而球團因為契約仍應支付球員薪資時造成的損失」，作為失能保險所承擔的風險。投保這種保險的球團，將可以向保險公司請求支付保險金，來填補球團因爲球員無法上場

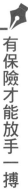

而產生的損失，也就是白白支付的薪資（所謂的薪水小偷）。

而**價值損失保險**，則多為球員自行投保，此類型的保險對於參加國家隊但**尚未投入職業運動的年輕國手**或是成為自由球員，**即將簽署新合約**的職業球員來說超級重要！所謂的價值損失，**指的是在保險事故發生前，該球員被估算能獲得的簽約金或薪資，和事故發生後實際拿到的簽約金或薪資間的差額**。

舉例來說，若今天有名高中叱吒風雲的王牌選手，在畢業後準備投入職業運動期間先加入國家隊，原本是狀元的熱門人選，但在代表國家出賽時受傷，而使得其選秀順位下跌而簽約金暴跌，此時若他有投保價值損失保險，則可自保險人處得到原先估算之狀元簽約金和實際簽約金差額的保險金理賠。

台灣運動界面臨的困境

在我國因為運動產業發展尚未成熟，**職業運動球員人數較少，因此很難收集**

足夠的數據供保險公司計算保費，潛在的客戶又不多，因此普遍商業保險公司都不願意為為數不多的職業球員製作保險商品。僅於特殊時期，例如國際賽期間提供短期特定的保險，球員也自然難以購買保險以分散在比賽期間面臨之風險。

前幾年亞運或經典賽期間，明台產物保險曾與國家隊合作，推出專屬的運動員團體傷害保險，承保球員在國際賽事中面臨的風險，以亞運時的保額為例，最高為三百萬元。但以郭泓志曾受過的手肘傷勢為例，光手術費用就要上萬美金，還不包含無法出賽時的薪資損失及復健費用，因此**我國國際賽保額根本不足以支付職業球員受傷衍生的所有費用，更遑論為他們的職業未來做好保障**。

因此這種為少數人特別規劃出來的保險商品，對於選手們來說仍未能發揮分散風險的功能，**必須靠整個運動大環境的發展，才能讓運動員保險成為如一般職業傷害險一樣普及化、穩固的制度**。

以美國為例，因為職業運動創造出的經濟效益龐大，球團多願意為其球員投保各式各樣的運動員保險，而保險公司也因此會願意推出專屬運動員的保險商品，如同 TOKYO MARINE HCC 保險公司即將運動員列為特殊團體，推出一系列專屬的保險商品。而本屆經典賽負責承保球員失能保險的明台產險也公布了本次合約內容，和上屆相比將暫時失能的保險金從一百萬元改為按照球員合約按月給付，意外醫療和意外身故保險金之上限也都提高，值得作為未來國際賽事的借鏡。

聽聽球員的訴求

如同中華職業棒球球員工會理事長胡金龍曾代表球員提出的意見，若能夠在參與國際賽以及集訓期間，提供國手們保額合理的運動員保險，他們便能更無後顧之憂的為國家爭取榮耀，不必擔憂受傷而拒絕徵召，自然對球員代表隊的士氣以及表現會有加乘的效果。

國家隊運動員並沒有欠國家或是民眾什麼，他們跟從事其他所有職業的人一樣，有家庭、經濟等負擔需要背負，因此要有合理的保障作為後盾。除了一直以「相忍為國」這頂大帽子扣在選手們身上外，還應該要有更有效且合理的方式能夠鼓勵球員為國家出賽。保險和運動產業有著相輔相成的關係，彼此能帶動成長，畢竟對運動員而言，榮耀真的不能當飯吃，**有保險才有實在的保障**。

法律白話文小學堂

運動賽事對於一般人而言，可能只是興趣或娛樂活動，但對球員來說卻是他們的職業和工作。因此，當他們在職業聯盟或是國際賽事出賽時，所面臨的風險都比一般人在從事運動時高上許多。若能夠比照其他高風險的職業，如船員有專屬的漁工或是船員保險一樣，更加精準地去設計專屬運動員的保險產品，才能夠提供運動員足夠的保障，而不是期待他們只抱著一顆愛國的心，冒著自己未來可能無法從事相同職業，或是失去加薪等機會的風險為國出賽。

台灣有陪審團後，就不用擔心有恐龍法官了嗎？

楊貴智

《天下雜誌》二〇一六年的民調顯示，法官名列人民不信任的職業首位，大家寧可信任記者、立法委員、議員，也不願意相信法官。《民間司改會》所做的調查則顯示，「缺乏明確客觀審查標準以淘汰真正不適任的司法官」、「法學教育培養出只會考試的法律人」、「有些法律不正當，有些最高法院的判例決議則與社會脫節」，這些都是一般民眾迫切希望改革的項目。

人民不相信法官的原因，多半在於近年來許多受到社會矚目的判決理由及結果都與人民期待不符，因此有越來越多人倡議把「陪審團制度」引進台灣，讓人民也能參與審判，不再讓恐龍法官獨攬審判大權。

那是不是有了陪審團後，我們就不需要法官了呢？

陪審團怎麼產生？

陪審團是個「以人民為核心」的審理制度，因此只要是公民（**通常以是否有投票權為分界**）**就可擔任陪審員**，但是為避免政治力介入，因此就迴避讓政治人物被選為陪審員；也會避免「法律從業人員」、執法人員進入陪審團，因為陪審團制度就是要讓審判獲得各方觀點，法院已經有法官跟檢察官，實在不需要再讓律師跑進來湊一腳了！

在案件正式開庭前，法院會先隨機挑選一大堆人來法院作為候選人，讓雙方的律師或檢察官挑選陪審團成員。在美國，挑選陪審團成員是一件非常重要的事，律師必須透過詢問候選人問題，找出對我方當事人比較友善的人擔任陪審團，以增加勝訴的機會！在日本則是用抽籤的方式選任候選人；德國則是由社會團體或政黨提名並推薦遴選，獲選者任期五年，每年任職十二個審判程序。

陪審團做些什麼？

在訴訟審理的過程中，**除了要認定事實，也要聆聽當事人或檢辯雙方的論點、思考本案所要適用的法律有哪些、如何解釋法律**。因此每場官司，其實就是不斷地處理各種問題：

一、法律問題：本案所要適用的法律是什麼？怎麼解釋它？判斷標準是什麼？

二、事實問題：本案當事人或檢辯主張的事實真的存在嗎？

由於法律問題必須具備充足的法律知識及素養才有辦法回答，而且法律的選擇、解釋以及判斷標準的寬鬆往往也是訴訟成敗的關鍵，因此就算有了陪審團，我們還是需要法官來處理每件官司涉及的法律問題！

但有了法律後，我們還必須認定本案的事實是否符合法律的規定。此時由於陪審團的成員來自不同領域及背景，因此**有些人認為陪審團可以改善法官觀點過於單一的弊病，透過引入各界不同的觀點，可以確保判決不會跟人民的認知產生太大的落差**。

舉例來說，現在在死刑案件中，被告是否具有「教化可能性」往往都是辯論焦點。按照現行的職業法官制，「教化可能性」的解釋、判斷標準以及被告是否具有「教化可能性」均由法官處理。

如果有了陪審團，法官的工作便在於「確認本案有無涉及適用刑法關於教化可能性的法律問題」，然後向陪審團說明「教化可能性」的解釋以及判斷標準是什麼，最後被告到底事實上有沒有教化可能性，則交由陪審團依據證據斟酌後做成認定，法院便依據陪審團的認定結果做成判決。

陪審團制度會削弱法官的審判權限，因此也有人質疑陪審團制度會妨礙「法官獨立行使職權」這項原則。但陪審團制度的起源，便是希望藉由引入人民的力量，防止法院濫權處罰人民！

另外，也有人質疑陪審團是否有能力做出跟法官一樣專業的判斷？會不會比較容易受到媒體報導影響或煽動，進而做出更多不好的判決呢？這也是在思考陪審團制度時必須衡量的事情。

還有其他類似的制度嗎？

除了陪審制外，在日本及德國實施的叫做「**參審制**」，而我國近年由司法院主導推動的則是「**觀審制**」（目前司改國是會議的結論似乎要朝參審制邁進！）兩者和陪審制一樣，都是選任人民一同參與審判，不同的地方在於：「**陪審制**」**是由人民組成的陪審團獨立認定事實**；「**參審制**」**是人民與法官一同認定事實**；「**觀審制**」**則是人民參與法官的評議會議**，若是想法與法官不同，可以提出要求法官解釋，法官若不採用人民的見解，則必須在判決書中說明理由。

簡單來說，若比較這三種制度，主要的差異在於陪審制是陪審團自己認定事實，參審制是讓人民跟法官一起討論、表決，觀審制則是人民只能出意見供法官參考，但不能投票，因此也被譏為「只讓你看，不讓你判」。

而研究指出，實施參審制的國家，人民多半會接受法官的見解，因此**參審和觀審的實施成果，人民的參與程度事實上並不高**。

另外，實施陪審制就得找人來當陪審員，在人力成本高昂的今天，勢必會提高訴訟的費用。當陪審員不僅得放下工作，還會被要求判決前不得和外界聯繫、得集中住宿等。

因此就算是在美國，也有不少人認為被叫去當陪審員就如同被抓去教召一樣困擾，陪審團的發源地英國更是因此大量減少使用陪審團的機會呢！如果你有機會擔任陪審員，你會願意請公假挑戰看看嗎？

法律白話文
小學堂

陪審團是個「以人民為核心」的審理制度，因此只要是公民（通常以是否有投票權為分界）就可擔任陪審員，目的是讓人民參與審判，使一般民眾的觀點更能進入法院，做成符合貼近社會現實的判決。

除了陪審制之外，相關人民參與判決的制度還有參審制及觀審制。「陪審制」是由人民組成的陪審團獨立認定事實，「參審制」是人民與法官一同認定事實，「觀審制」則是人民參與法官的評議會議，若是想法與法官不同，可以提出要求法官解釋，法官若不採用人民的見解，則必須在判決書中說明理由。三者的區分主要是參與程度以及認定事實對於法院的拘束程度不同。

國家圖書館出版品預行編目資料

江湖在走，法律要懂：法律白話文小學堂 / 法律白話文運動著；
-- 初版. -- 臺北市：聯合文學, 2017.11
336面；14.8×21公分. -- (繽紛；216)

ISBN 978-986-323-229-2 (平裝)

1.法律 2.通俗作品

580 106015210

繽紛 216

江湖在走，法律要懂：法律白話文小學堂

作　　者／法律白話文運動
發 行 人／張寶琴

總 編 輯／周昭翡　業務部總經理／李文吉
主　　編／蕭仁豪　行 銷 企 畫／蔡昀庭
特約編輯／廖恒藝　發 行 專 員／簡聖峰
資深美編／戴榮芝　財　務　部／趙玉瑩　韋秀英
版權管理／蕭仁豪　人事行政組／李懷瑩

法律顧問／理律法律事務所
陳長文律師、蔣大中律師

出 版 者／聯合文學出版社股份有限公司
地　　址／臺北市基隆路一段178號10樓
電　　話／(02) 27666759轉5107
傳　　真／(02) 27567914
郵撥帳號／17623526 聯合文學出版社股份有限公司
登 記 證／行政院新聞局局版臺業字第6109號
網　　址／http://unitas.udngroup.com.tw
E-mail:unitas@udngroup.com.tw

印 刷 廠／禾耕彩色印刷事業股份有限公司
總 經 銷／聯合發行股份有限公司
地　　址／231新北市新店區寶橋路235巷6弄6號2樓
電　　話／(02) 29178022

出版日期／2017年11月　初版
2020年5月14日　初版九刷
定　　價／360元

ISBN 978-986-323-229-2（平裝）